Peter Ilgenfritz
Rudolf Sachs · Patricia Lindner

Correspondance Commerciale

Einführung in die moderne französische Handelskorrespondenz

Neubearbeitung

Hueber Verlag

Die Autoren bedanken sich bei der Messe- und Ausstellungsgesellschaft mbH, München, die ihnen Materialien für das Buch zur Verfügung gestellt hat.

7. 6. 5. | Die letzten Ziffern
2012 11 10 09 08 | bezeichnen Zahl und Jahr des Druckes.
Alle Drucke dieser Auflage können, da unverändert, nebeneinander benutzt werden.
1. Auflage

Gesamtherstellung: Ludwig Auer GmbH, Donauwörth
Printed in Germany
ISBN 978-3-19-003222-8

Table des matières

Troisième Partie

Annexes

Vorwort

Die nun vorliegende Neuauflage ist eine völlige Neubearbeitung des Standardwerks „Correspondance Commerciale – Einführung in die moderne französische Handelskorrespondenz“. Die bewährte Grundkonzeption des Werks wurde beibehalten. Form und Inhalt jedoch auf den neuesten Stand gebracht. Dabei wurden folgende Änderungen und Ergänzungen vorgenommen:

- Der Wortschatz und die Phraseologie wurden modernisiert. Inzwischen veraltete Wendungen wurden durch die entsprechenden moderneren Varianten ersetzt.
- Die Briefköpfe und Formulare wurden den neuen Gegebenheiten und den modernen Handelsusancen angepasst.
- Die neuen Bürotechnologien wie Textverarbeitung, Telefax usw. fanden Eingang in die Briefbeispiele und Erklärungen.
- Neue Themen, die in den letzten Jahren im internationalen Geschäftsverkehr an Bedeutung gewonnen haben (wie Messen und Ausstellungen) wurden in der Neuauflage besonders berücksichtigt.

Verfasser und Verlag

Première Partie

Disposition de la lettre commerciale

Parties constituantes d'une lettre commerciale

Les parties constituantes d'une lettre commerciale sont:

1. l'en-tête
2. la date
3. le nom et l'adresse du destinataire
4. les références
5. l'objet
6. le corps de la lettre
7. la formule de politesse
8. la signature
9. un post-scriptum (rarement)
10. une (ou des) annexe(s) (si nécessaire)

1. L'en-tête

L'en-tête est en général imprimé en haut, au milieu de la feuille. Cependant, certaines mentions peuvent figurer au bas de la feuille pour alléger l'en-tête. Il comprend:

a. La raison sociale de la maison:
   Établissements CALLIERT

b. La forme juridique de la société et le montant de son capital s'il s'agit d'une S.A. ou d'une S.A.R.L.:
   Société anonyme au capital de 500 000 francs

c. L'adresse du siège social:
   12, rue Pierre Curie 94000 IVRY

d. Le numéro de boîte postale:
   B.P. 73

e. Le (ou les) numéro(s) de téléphone:
   Tél.: 67 27 02 08
   67 27 02 09

f. Le numéro de télécopie (téléfax)
   Fax: 67 26 32 06

g. Le numéro de télex:
   Télex: 27.833 Calliert-Ivry

h. Le numéro du compte chèque postal:
   C.C.P. 2.181 – 64 Paris

i. Le numéro d'inscription au Registre du Commerce et des Sociétés:
   R.C.S. Paris B 554 017 661

j. Le numéro d'inscription à l'Institut National de la Statistique et des Études Économiques, dont la 1ère partie, n° SIREN 783 525 332 (9 chiffres) est attribuée à chaque entreprise.

k. La banque de domiciliation des traites:
   Domiciliation bancaire: Crédit Lyonnais, Ivry

l. Le logo de l'entreprise (son emblème): il permet une identification rapide de l'entreprise.

Jouets CALLIERT

2. La date

Exemples:

```
Paris, le 1er avril 19..
Bordeaux, le 17 septembre 19..
```

Remarques:

a. La date s'inscrit en général au-dessous de l'en-tête, à droite.

b. Le nom de la ville est suivi d'une virgule. La virgule est suivie de l'article défini *le*.

c. Pour le premier jour du mois, on emploie l'adjectif ordinal, pour les autres jours, les adjectifs cardinaux.

d. Il est recommandé d'indiquer le nom du mois en toutes lettres, et non pas en abrégé.

Attention: Le nom du mois commence par une *minuscule*.

e. Il n'y a pas de point dans toute la date, même pas à la fin.

3. Le nom et l'adresse du destinataire

Exemples:

```
Monsieur Louis Gaulthier
8, rue Deferre
92000 Suresnes

Messieurs Celier et Cie
28, avenue du Parc Morin
84000 Avignon

Monsieur Le Directeur
Paul H. Brin
79, rue Carreterre
92000 Fontenay aux Roses

Établissements Dorier Frères
15, rue Gambetta
30000 Alès

Société Industrielle de
Ferblanterie
À l'attention de Monsieur Blois
23, rue Sébastien Mercier
75015 Paris
```

Remarques:

a. On emploie *Monsieur* lorsque la lettre commerciale est adressée à un homme qui n'a pas de titre ou dont on ne connaît pas les fonctions. Mais dès qu'on sait que le destinataire a un titre spécial, on le mentionne (p. ex.: Monsieur le Directeur, Monsieur le Président, Monsieur le Secrétaire Général, Monsieur le Préfet, Monsieur le Chef de Service, Monsieur l'Ambassadeur, etc.). Quand on écrit à un avocat ou à un notaire, on adresse la lettre à Monsieur André Leforestier, Avocat/Notaire.

b. On emploie *Messieurs* lorsque la lettre est adressée à plusieurs personnes dont au moins une est de sexe masculin. Dans beaucoup de cas, *Messieurs* peut être remplacé par *Établissements* (p. ex.: *Messieurs* Dorier Frères ou *Établissements* Dorier Frères).

c. On emploie *Madame* lorsque la lettre est adressée à une femme. On emploie le pluriel *Mesdames* quand on s'adresse à plusieurs femmes.

d. On emploie *Mademoiselle* lorsque la lettre est adressée à une très jeune femme. Le pluriel *Mesdemoiselles* quand on s'adresse à plusieurs jeunes filles est assez rare en correspondance commerciale.

e. *Attention:* Titres et appellations s'écrivent en toutes lettres.

f. On emploie *Établissements (Ets)* lorsque la lettre est adressée à une maison commerciale dont la raison sociale ne contient pas un terme tel que *société, institut, bureau, manufacture, comptoir,* etc. Dans ce cas, il suffit d'ajouter après *Établissements* le nom de la maison.

g. Le numéro de la maison se trouve au début de la ligne et est suivi d'une virgule. (En Suisse, le numéro de la maison peut se placer à la fin de la ligne.)

h. Les mots: *rue, boulevard, avenue, quai, allée,* etc. s'écrivent avec *minuscule.*

i. Pour *Paris, Lyon* et *Marseille,* il faut mentionner le code postal précis, indiquant l'arrondissement. Ex.: 75007 Paris.

j. Le numéro de code du département qui précède le nom du lieu de destination rend la mention du département inutile. (Pour la liste des numéros de code des départements voir annexe 4.)

k. Le courrier *affaires* de certaines entreprises fait l'objet d'une distribution particulière. Dans ce cas, l'adresse comporte un numéro de code postal spécifique ainsi que la mention CEDEX (courrier d'entreprise à distribution exceptionnelle) placée après le nom de l'agglomération.

l. Lorsque la lettre est adressée à un responsable personnalisé de l'entreprise, on ajoute, la formule: *À l'attention de Monsieur X*, pour être sûr que la lettre arrive à la personne compétente.

m. Le nom et l'adresse du destinataire s'inscrivent en général à *droite*, au-dessus ou au-dessous de la date. Sous l'influence anglo-saxonne, certaines maisons françaises mettent maintenant le nom et l'adresse du destinataire à gauche. Cette disposition est d'ailleurs très fréquente en Suisse.

4. Les références

La référence sert à identifier la lettre et la réponse. En règle générale, la référence comprend les initiales de la personne qui a dicté la lettre et les initiales de la personne qui l'a tapée (p. ex.: Référence: RL/PV).
Dans la réponse, il faut rappeler la référence de la lettre qui est à l'origine de cette réponse. Afin de faciliter ce processus, le papier à lettres imprimé contient souvent, au-dessous de l'en-tête, à gauche, les indications nécessaires.

Exemples:	Votre Réf.:	Notre Réf.:
Votre réf.:	Notre réf.:	V./Réf.:
N./Réf.:	À rappeler s.v.p.	

5. L'objet

Afin de permettre au destinataire de saisir d'un seul coup d'œil de quoi il s'agit, il est recommandé d'indiquer, au-dessous des références, l'objet de la lettre.

Exemple:
Objet: Votre offre du 23 février.
En Suisse, on remplace *Objet* par *Concerne.*

6. Le corps de la lettre

A. Le début
Dans les lettres adressées à des personnes, le début correspond au titre ou à l'appellation indiqués dans l'adresse.

Exemples:
Monsieur,
Messieurs,
Monsieur le Directeur,
Madame,
Maître, (avocat/notaire/huissier)
Attention: Ne faites jamais suivre le nom de la personne et n'abrégez pas l'appellation.
Dans les lettres adressées à des maisons commerciales, autorités, etc., on commencera toujours par:
Messieurs,

Remarques:

a. *Monsieur* peut être remplacé par *Cher Monsieur*, si l'auteur de la lettre entretient des relations assez régulières avec le destinataire.

b. Le titre ou l'appellation sont généralement placés à gauche, au bord de la marge ou légèrement décalés vers la droite, suivant la disposition du texte (voir chapitre 2 – Disposition du texte). Le titre ou l'appellation sont toujours suivis d'une *virgule*.

B. Le texte de la lettre
Le texte proprement dit commence par une *majuscule* au-dessous du titre, soit au bord de la marge, soit un peu plus à droite (voir à ce sujet chapitre 2 – Disposition du texte).

Exemples:

```
Messieurs,

Nous avons le plaisir de vous ...
```

ou: `Messieurs,`

`Nous avons le plaisir de vous ...`

Afin que la lettre soit bien compréhensible et ne soit pas à l'origine de malentendus, il faut attacher beaucoup d'importance à la présentation du texte et à sa subdivision logique en paragraphes. On prévoira donc autant de paragraphes qu'il existe de points à communiquer.

7. La formule de politesse

a. La formule de politesse peut s'enchaîner à la conclusion de la lettre.

Exemples:
Dans l'attente de votre réponse, je vous prie de croire, Monsieur, à l'expression de mes sentiments distingués.
Espérant que votre réponse nous parviendra sous peu, nous vous prions d'agréer, Messieurs, nos salutations distinguées.
Dans l'espoir que nos prix favorables vous inciteront à nous passer commande, nous vous prions de croire, Messieurs, à l'assurance de nos sentiments dévoués.

Attention: Évitez la faute grammaticale souvent commise par les commerçants français qui consiste à enchaîner, dans les cas ci-dessus mentionnés, la formule de politesse par: ... *veuillez agréer*, ... (Sujet sous-entendu dans la première partie de la phrase = sujet exprimé de la suite: *Dans l'attente ..., nous ...*)

b. La formule de politesse peut être indépendante du reste de la lettre.

Exemple:
Veuillez agréer, Messieurs, nos salutations distinguées.

Nous indiquons ci-dessous une liste de formules de salutations par ordre croissant de politesse:
Veuillez agréer, Monsieur, mes salutations distinguées.
Veuillez agréer, Monsieur, nos salutations très distinguées.
Veuillez agréer, Messieurs, mes salutations les meilleures.
Veuillez agréer, Messieurs, l'expression de nos sentiments distingués.
Veuillez agréer, Monsieur le Directeur, mes salutations très respectueuses.
Veuillez croire, Monsieur le Directeur, à l'expression de mes sentiments dévoués.
Veuillez croire, Monsieur le Président, à l'assurance de notre considération distinguée.
Je vous prie de croire, Monsieur le Président, à l'assurance de ma considération très distinguée.
Je vous prie de croire, Monsieur le Ministre, à l'assurance de ma haute considération.

Les formules de politesse reprennent toujours le titre que l'on a indiqué au début de la lettre.

c. La formule de politesse qui termine une lettre adressée à une femme devra marquer le respect (éviter les *sentiments*):
Nous vous prions d'agréer, Madame, nos salutations distinguées.
Je vous prie d'agréer, Madame, l'expression de ma respectueuse considération.

8. La signature

La signature s'appose après la formule de politesse, à droite. Comme elle est souvent illisible, on a pris l'habitude d'indiquer à la machine le nom du signataire auquel on ajoute souvent sa fonction. Un employé fondé de pouvoir fera précéder sa signature de la mention p. p. (par procuration). Un employé qui rédigera une lettre sur les indications d'un de ses supérieurs fera précéder sa signature de p. o. (par ordre).

Exemples:

B. Bonin
Sous-Directeur

Le Président-Directeur Général

R. LAPORT

F. PORTELIN
Chef des Achats

9. Le post-scriptum

Le post-scriptum sert en général à ajouter une information qu'on a reçue après avoir terminé la lettre. Il est introduit par l'abréviation P.-S.

10. Les annexes

Lorsqu'on ajoute à la lettre des documents tels que factures, bons de commande, certificats, etc., il faut ajouter au bas de la feuille, à gauche:

P.J. (pièces jointes)

Il est recommandé d'ajouter en plus la liste des pièces.

Exemple:

P.J.: facture en triple
exemplaire;
copie du bon de
commande n° 135

Il est possible de remplacer *P. J.* par *Annexe(s).*

11. Copie conforme

(Abrégée en c. c. ou C. c.): cette mention précède le nom de la personne à qui est destiné le double. S'il y a plusieurs destinataires, chaque nom sera placé sur une ligne différente.

Exemple:

c.c.: Monsieur Dubois
Monsieur Belin

Disposition du texte

Comme la marge gauche (45 à 50 mm) est plus large que la marge droite (20 mm), le texte de la lettre commerciale est légèrement décalé vers la droite de la feuille.

Nous pouvons distinguer deux types de dispositions:

La disposition classique (voir lettre modèle page 14) que certains auteurs appellent «française» est caractérisée par le fait que le début de la première ligne de chaque paragraphe est décalé vers la droite. C'est d'ailleurs la seule disposition admise par les puristes. Elle est sans aucun doute la plus employée en correspondance commerciale française.

La disposition moderne (voir lettre modèle page 15) que certains auteurs appellent «américaine» est caractérisée par le fait que la première ligne de chaque paragraphe commence, comme les lignes suivantes, au bord de la marge.

Bornet & Ollivier

articles de ménage en inox

97, rue Pierre Boudon
F-92600 Asnières
Tél.: 34 71 58 10

Ets Laugier Frères
102, rue Carretie
84000 Avignon

N./Réf.: RO/MR 210
V./Réf.:

Asnières, le 17 juin 19..

Messieurs,

Nous avons l'avantage de vous informer que nous avons repris une partie des fabrications des Établissements PARATON, ainsi que leur stock.

Madame PARATON nous ayant indiqué votre adresse, nous aimerions vous compter parmi notre clientèle.

Fabricants d'articles de ménage en inox depuis de nombreuses années, nous disposons d'un très important stock, ce qui permet de rapides livraisons. Nous fabriquons la batterie de cuisine classique en trois épaisseurs: légère, extra-forte et supérieure.

Nous sommes toujours dévoués à vos ordres et vous prions d'agréer, Messieurs, nos salutations très distinguées.

Le Gérant

H. NELOT

ÉTABLISSEMENTS BORNET & OLLIVIER - SOCIÉTÉ ANONYME AU CAPITAL DE 1 230 000 FRANCS
R.C.S. Paris B 724 243 374 - C.C.P. PARIS 8942.30 SIRET 129 245 667 71236

ETS PRENTON & FILS
SPÉCIALITÉS PLASTIQUES

21, place du Général Leclerc 92300 Levallois Tél.: 37 08 23 29
C.C.P. 5139 Lyon Télécopie: 37 08 16 52

Établissements ADIP
37, quai Lafayette
75016 Paris

N./RÉF. Rap/S LEVALLOIS, LE 24 juillet 19..
V./RÉF.

Objet: Révision de nos prix

Messieurs,

Grâce à la modernisation de nos moyens de production, nous avons amélioré de façon appréciable la productivité de notre entreprise.

Ceci nous a permis de compenser pour une grande part les augmentations de frais de main-d'œuvre dont vous connaissez l'importance et de maintenir nos prix depuis octobre 19..

Malheureusement, à ces augmentations viennent s'ajouter depuis quelques mois des hausses sur certaines de nos matières premières, hausses dont le taux est de 5 à 20%. Ces taux sont d'autant plus élevés que notre recherche de la qualité nous contraint à nous approvisionner en Allemagne, en Angleterre, aux États-Unis, etc.

Afin d'atténuer la hausse qui pourrait normalement en découler, nous avons décidé de la limiter à une majoration de 3%.

Nous espérons que vous comprendrez cette mesure et que vous nous garderez votre confiance.

Dans cette attente, nous vous prions de croire, Messieurs, à l'expression de nos sentiments distingués.

LA DIRECTION GÉNÉRALE

F.Benoît

Ets Prenton & Fils - Société anonyme au capital de 800 000 francs.
R.C.S. B 535 120 266 SIRET 712 382 440 55791

L'enveloppe

L'enveloppe comporte deux adresses: l'adresse du destinataire et celle de l'expéditeur.
L'adresse du destinataire mise sur l'enveloppe comprend tous les détails de l'adresse du destinataire se trouvant sur la lettre elle-même.
Lorsqu'on utilise une enveloppe à fenêtre, l'adresse sur la lettre sert en même temps d'adresse d'enveloppe.
Le cas échéant, l'adresse du destinataire peut être complétée par une ou plusieurs des indications suivantes:

À l'attention de ...	zu Händen ...
Confidentiel	Vertraulich
Strictement confidentiel	Streng vertraulich
Contre remboursement	Gegen Nachnahme
Échantillon sans valeur	Muster ohne Wert
Faire suivre	Bitte nachsenden
Imprimé	Drucksache
Par avion	(Mit) Luftpost
Par exprès	Durch Eilboten
Personnel	Persönlich
Poste restante	Postlagernd
Recommandé	Einschreiben

En ce qui concerne l'adresse de l'expéditeur, elle est le plus souvent imprimée, soit au verso de l'enveloppe, soit au recto, en haut à gauche.

Deuxième Partie

Types de lettres commerciales

Demandes d'offre

1. Introduction

Les relations d'affaires entre commerçants, sociétés, etc. commencent souvent par une demande d'offre verbale ou écrite.
Une demande d'offre écrite est adressée à des fournisseurs que l'expéditeur de la demande d'offre (ou l'un de ses correspondants) connaît déjà ou dont il a lu l'adresse dans un journal, une revue, un annuaire.
La demande d'offre peut être *générale*, et l'expéditeur ne demande alors que des renseignements généraux sur la fabrication ou le programme de vente du fournisseur.
D'autre part, la demande d'offre peut être *spéciale*. Dans ce cas, elle contiendra la désignation exacte des articles, la quantité envisagée et la qualité désirée. Dans une demande d'offre spéciale, l'expéditeur demandera en outre aux fournisseurs de lui indiquer le prix, les conditions de paiement et les délais de livraison. Il les priera, le cas échéant, de lui envoyer des catalogues et des échantillons.
La demande d'offre n'engage en rien l'expéditeur et les réponses lui permettront de choisir le fournisseur dont les prix, les marchandises, etc. lui conviennent le mieux.

2. Lettres modèles

a. Demande de prix

Messieurs,

Veuillez nous indiquer par retour du courrier le prix net hors T.V.A. des pièces de rechange suivantes:

- contacteur inversible n° 327
- levier de commande n° 968
- bague de serrage n° 402

Dans l'attente de votre réponse, nous vous prions d'agréer, Messieurs, nos salutations distinguées.

---

b. Demande d'offre concernant des machines à équilibrer

GARAGES ALBERT LAPRO

Société à responsabilité limitée au capital de 250 000 F

118, rue de l'Hôtel-de-Ville 26400 CREST

Établissements Galantier
115, rue Pierre Curie
13011 Marseille

Notre Réf.: NT/RP
Votre Réf.:
Date: 2 avril 19..

Messieurs,

Nous référant à votre annonce parue dans LA MÉCANIQUE du 15 mars, nous vous demandons de bien vouloir nous faire connaître les caractéristiques techniques de votre nouvelle machine à équilibrer type AT 925.

Veuillez nous indiquer en même temps votre meilleur prix et le plus bref délai de livraison.

Si les détails techniques et vos conditions nous paraissent intéressants, nous sommes disposés à commander 5 unités.

Dans l'attente de votre réponse, nous vous prions d'agréer, Messieurs, l'expression de nos sentiments distingués.

R. Parrier

TÉL.: 33 45 07 19 B.P. 27
R.C.S. Valence B 705 323 748 C.C.P. LYON 3306-24

c. Importateur français à fabricant de lampes allemand

Messieurs,

J'ai visité votre stand à l'Exposition internationale de la Photographie et Cinématographie de Cologne et j'ai été fort impressionné par la puissance de vos lampes à projecteurs. Étant donné qu'un produit comparable n'existe pas encore en France, je crois que vos lampes y trouveraient des débouchés considérables. C'est pour cette raison que je serais très intéressé par l'importation de vos lampes.
Si mes renseignements sont exacts, il n'existe pas encore d'importateur français de vos produits. Je me permets donc de vous offrir mes services pour l'importation de vos lampes en France.
Au cas où vous seriez disposés à m'accorder la vente exclusive de vos articles en France, je vous prie de bien vouloir me faire connaître vos conditions.
Pour tous renseignements sur ma maison, veuillez vous adresser aux Ets Parramont, 23, rue Carnot, 75015 Paris.
Dans l'attente d'une réponse favorable, je vous prie d'agréer, Messieurs, l'expression de mes meilleurs sentiments.

d. Demande d'offre concernant des extincteurs

Messieurs,

Nous devons votre adresse au directeur technique des Ets Richardier, M. Larrefitte, qui nous a assurés de la haute qualité de vos extincteurs.
Nous sommes spécialisés depuis 15 ans dans la vente de produits extincteurs. Nous avons pour clients les théâtres de Paris et nombre de grands magasins, c'est pourquoi nous avons besoin d'un approvisionnement constant en ces produits.
Nous vous serions très obligés de bien vouloir nous faire parvenir votre documentation technique et votre prix courant.
Dans l'attente de votre réponse, nous vous prions d'agréer, Messieurs, nos salutations distinguées.

e. Constructeur de moteurs français à fournisseur allemand

Messieurs,

Nous recherchons un fabricant de pièces détachées qui s'engage à nous fournir régulièrement dès le mois prochain des vis de qualité.
Nous serions acheteurs, par mois, de 20000 vis M 6×22, qualité standard, et de 15000 vis M 8×24, qualité standard.
Les livraisons devraient s'effectuer avant le 10 de chaque mois.

Au cas où vous seriez donc en mesure de répondre à notre demande, nous vous demandons de bien vouloir adresser une offre détaillée à notre service «Achats».
Veuillez agréer, Messieurs, nos salutations distinguées.

f. Importateur français pour la Côte d'Ivoire à fabricant d'antennes allemand

Messieurs,

Nous revenons à l'entretien que nous avons eu avec vous à l'occasion de notre visite en vos usines les 4 et 5 novembre.
Entre-temps, nous avons effectué l'analyse du marché de la Côte d'Ivoire que nous vous avions promise lors de notre visite, analyse que nous joignons à la présente.
Il en ressort que ce marché n'est pas du tout intéressant pour les antennes de radio. Par contre, les besoins en antennes de télévision sont encore plus élevés que nous ne l'avions cru à l'origine.
Cependant, vos concurrents français sont déjà en train de profiter de cette situation, de sorte qu'un succès de vente ne pourra être assuré qu'en agissant rapidement.
Nous vous demandons donc de bien vouloir nous faire connaître au plus tôt vos prix définitifs et vos plus brefs délais de livraison.
Si vos prix sont compétitifs et si, surtout, vos délais tiennent compte de ce qui a été expliqué ci-dessus, nous vous passerons une commande importante dès réception de votre proposition.
Espérant que votre réponse nous parviendra par retour du courrier, nous vous prions d'agréer, Messieurs, l'expression de nos sentiments les meilleurs.

g. Demande d'offre concernant fabrication sous licence

Messieurs,

Le consulat allemand à Paris m'a informé que vous cherchiez une maison française qui serait intéressée par la fabrication sous licence de vos moissonneuses-batteuses.
Je suis moi-même le plus important constructeur de machines agricoles de la région parisienne. Je connais les deux brevets qui caractérisent vos moissonneuses-batteuses et suis très intéressé par ce système.
Veuillez donc me faire une première proposition. Si les conditions que vous envisagez me paraissent raisonnables, je suis volontiers disposé à vous rendre visite pour discuter avec vous de cette affaire.
En attendant votre réponse, je vous prie de croire, Messieurs, à l'expression de mes sentiments distingués.

h. Demande de prix

FRANCAM

siège social: 8, quai Galliéni
92000 SURESNES

véhicules industriels
cars - autobus

société anonyme de véhicules industriels et d'équipements mécaniques FRANCAM
au capital de 133 190 000 F

R.C.S. PARIS B 783 940 524
télécopie: 47 72 30 25
boîte postale 2-36
téléphone: 47 29 33 55

Établissements Duriez & Cie
23, rue Sébastien Mercier
75015 Paris

DATE: Suresnes, le 25 mars 19..
V./RÉF.:
N./RÉf.: MG/tl
OBJET:

Messieurs,

Veuillez nous faire connaître le prix le plus réduit auquel vous nous fourniriez franco à notre raccordement de Blainville les objets spécifiés en annexe.

Délais de livraison: le plus tôt possible.

Pour tout renseignement administratif (prix, délais, etc.), veuillez téléphoner à Monsieur François TENNE (poste 247). Pour tout renseignement technique, s'adresser à Monsieur Patrick LEBRUN (poste 322).

Votre offre ne sera pas prise en considération si elle ne reprend pas toutes les références et la date de la présente demande de prix.

Nous vous prions de bien vouloir nous faire parvenir votre réponse par retour du courrier.

Veuillez agréer, Messieurs, nos salutations très distinguées.

M. GUÉRARD

P.J.

C.C.P. PARIS 151-64 SIRET 261 928 781 00516 Télex: 27 986 FRAN-SUREN

i. Formulaire de demande de prix

Manufacture Générale
d'emballages métalliques
et d'ustensiles de ménage
découpage - emboutissage

ANCIENNE MAISON VINCENT LAUGIER
FONDÉE EN 1870

ÉTABLISSEMENTS

LAUGIER FRÈRES

LF
Marque Déposée

102, RUE CARRETERIE
84000 AVIGNON
R.P. VAUCLUSE 180
TÉLÉPHONE: 81 02 77 88
R.C.S.AVIGNON A 314 720 24

AVIGNON, LE ....

DEMANDE DE PRIX

Messieurs,

Nous vous prions de bien vouloir nous donner vos meilleures conditions actuelles et votre délai de livraison le plus réduit pour la fourniture spécifiée ci-dessous:

Dans l'attente d'une prompte réponse, nous vous prions d'agréer, Messieurs, l'assurance de notre considération distinguée.

P.S.: Au cas où la présente consultation sortirait du cadre de vos fabrications, nous vous serions reconnaissants de bien vouloir nous donner les adresses de confrères spécialisés.

C.C.P. AVIGNON 321-72 SIRET 481 106 372 80216 Télex: 52 788 LAU-AVI Fax: 81 34 13 75

3. Phraséologie

a. Comment avez-vous obtenu l'adresse du fournisseur?

Nous nous référons à votre annonce parue dans «L'Automobile» / Nous référant à l'annonce que vous avez fait publier dans «L'Automobile», nous …	Wir beziehen uns auf Ihre Anzeige in der Zeitschrift „L'Automobile".
Me référant à la conversation que j'ai eue jeudi dernier avec M. Garretier, je …	Ich beziehe mich auf das Gespräch mit Herrn Garretier am letzten Donnerstag …
Nous avons visité votre stand à la Foire de Hanovre.	Wir haben Ihren Stand auf der Hannover-Messe besucht.
Nous venons d'apprendre que vous avez sorti / lancé un nouveau rasoir électrique.	Wir hören, dass Sie einen neuen Elektrorasierer auf den Markt gebracht haben.
Les Ets Monto nous ont fait savoir que vous fabriquez des pompes hydrauliques / … que vous êtes constructeurs de pompes hydrauliques.	Wie wir von der Firma Monto erfahren haben, stellen Sie hydraulische Pumpen her.
Nous devons votre adresse à M. Lenoirte / M. Lenoirte nous a communiqué votre adresse.	Wir haben von Herrn Lenoirte Ihre Anschrift erhalten.
Nous sommes redevables de votre adresse à l'Ambassade de France …	Ihre Adresse verdanken wir der französischen Botschaft.

b. Pourquoi demandez-vous une offre?

Nous avons besoin de … / Il nous faut … / Nous serions acheteurs de …	Wir benötigen … / Wir haben Bedarf an …
Nous sommes intéressés par l'importation d'outils allemands.	Wir sind daran interessiert, deutsche Werkzeuge einzuführen.
Ayant reçu, de la part de nos clients, beaucoup de demandes concernant …, nous …	Da wir viele Anfragen von Kunden wegen … erhalten haben, …
Notre stock s'épuise / Notre stock est presque épuisé.	Unser Lagerbestand geht zu Ende / Unser Lager ist fast völlig geleert.

c. Vous demandez des détails

Veuillez nous faire parvenir votre prix courant / votre tarif par retour du courrier.	Bitte senden Sie uns umgehend Ihre Preisliste.
Nous vous demandons de bien vouloir nous faire connaître en même temps vos conditions de paiement et de livraison.	Bitte geben Sie uns auch Ihre Liefer- und Zahlungsbedingungen bekannt.

Nous vous serions reconnaissants de nous faire connaître dès que possible et sans engagement de notre part, les conditions et prix que vous pourriez nous consentir pour la livraison de ...

Für die rasche und unverbindliche Mitteilung der Bedingungen und Preise, die Sie uns für die Lieferung von ... gewähren könnten, wären wir Ihnen dankbar.

Nous vous saurions gré de nous faire parvenir des échantillons de vos tissus dans les différents coloris.

Wir wären Ihnen dankbar, wenn Sie uns Muster Ihrer Stoffe in den verschiedenen Farben zusenden könnten.

Veuillez nous donner tous renseignements au sujet de ... / Nous vous prions de bien vouloir nous indiquer tous les détails sur ...

Bitte senden Sie uns vollständige Angaben über ...

Nous vous serions reconnaissants de bien vouloir nous envoyer votre catalogue illustré.

Für die Zusendung Ihres illustrierten Katalogs wären wir Ihnen dankbar.

Vous nous obligeriez en organisant chez nous une démonstration de votre machine.

Wir wären Ihnen dankbar, wenn Sie eine Vorführung der Maschine in unserem Betrieb veranlassen könnten.

Veuillez nous faire connaître votre plus bref délai.

Bitte teilen Sie uns Ihre kürzeste Lieferfrist mit.

Veuillez nous faire savoir si vous pouvez prendre les marchandises en magasin / ... si vous avez les marchandises en stock.

Bitte teilen Sie uns mit, ob Sie ab Lager liefern können / ... ob Sie die Waren auf Lager haben.

d. Vous donnez des références

Vous trouverez ci-joint une liste de références.

Anbei übersenden wir Ihnen eine Liste mit Referenzen.

Pour tous renseignements sur notre maison, veuillez vous adresser à ...

Auskünfte über unsere Firma können von ... eingeholt werden.

Les Ets FRANCAM vous donneront certainement tous les renseignements que vous pourriez désirer à notre sujet.

Die Firma FRANCAM wird Ihnen gern jede gewünschte Auskunft über uns erteilen.

Nous sommes à même de / Nous sommes en mesure de / Nous pouvons vous indiquer de très bonnes références en France et en Allemagne.

Wir können Ihnen erstklassige deutsche und französische Referenzen nennen.

En cas de commande de notre part, nous vous donnerons des références.

Bei Auftragserteilung erfolgt Angabe von Referenzen.

e. Vous laissez entrevoir la possibilité de commandes

Si vos prix sont compétitifs / avantageux / raisonnables …	Wenn Ihre Preise konkurrenzfähig / günstig / angemessen sind …
Si la qualité des marchandises nous satisfait / répond à notre attente …	Wenn die Qualität der Waren unseren Erwartungen entspricht …
Si vos prix à l'exportation sont concurrentiels …	Wenn Ihre Exportpreise konkurrenzfähig sind …
Si les échantillons conviennent à nos clients …	Wenn die Muster (bzw. Proben) unseren Kunden zusagen …
Si la marchandise satisfait à nos exigences …	Wenn die Waren unseren Anforderungen entsprechen …
Si vous êtes à même de nous promettre la livraison dans les 2 semaines …	Wenn Sie uns die Lieferung innerhalb 2 Wochen fest zusagen können …
… nous sommes disposés / prêts / à vous passer une commande d'essai.	… wären wir bereit, Ihnen einen Probeauftrag zu erteilen.
… nous sommes à même de vous passer des commandes importantes.	… wären wir in der Lage, Ihnen größere Aufträge zu erteilen.
… vos produits trouveront sans aucun doute des débouchés importants / se vendront bien chez nous.	… dürften Ihre Erzeugnisse guten Absatz finden / sich hier gut verkaufen lassen.

4. Exercices

Traduisez les lettres suivantes:

a. Modehaus Küfer, Düsseldorf, an DELCO S.A.R.L., Lyon

Im Vorjahr kauften wir bei Ihnen einen Posten Pullover, mit denen wir sehr zufrieden waren.
Da wir dabei sind, unsere Aufträge für die kommende Saison zu vergeben, bitten wir Sie, uns so bald wie möglich ein ausführliches Angebot vorzulegen.
Wie wir aus Ihrem letztjährigen Angebot ersehen, stellen Sie auch Twinsets her. Bitte senden Sie uns eine Farbmusterkarte und teilen Sie uns die Qualitäten und Mengen mit, die Sie liefern können.

Wenn Ihre Bedingungen günstig sind, sind wir gerne bereit, künftig unseren gesamten Bedarf an Strickwaren bei Ihnen zu decken.

b. Sporthaus Meister, München, an Jacques Noiret et Cie, Nancy

Wir entnehmen Ihrer Anzeige in der Zeitschrift „La Côte d'Azur" vom 6. 3., dass Sie Geräte für Sporttaucher *(matériel de plongée sous-marine)*, wie Atemgeräte *(appareils respiratoires)*, Tauchermasken *(masques)* und Schwimmflossen *(palmes)*, herstellen und exportieren.
Bitte senden Sie uns ausführliche Beschreibungen und Abbildungen der von Ihnen

hergestellten Artikel unter Angabe Ihrer Exportpreise.
Falls Sie in Süddeutschland noch nicht vertreten sind, möchten wir anfragen, ob Sie eventuell bereit wären, uns den Alleinverkauf für dieses Gebiet zu übertragen. Wir verfügen über gute Verbindungen in unserer Branche und könnten den Markt intensiv bearbeiten.
Über unsere Vermögensverhältnisse erteilt Ihnen die Bayerische Vereinsbank in München jederzeit Auskunft.

c. Metallwarenfabrik Wagner & Co., Esslingen (Neckar), an PEINTFRANCE S.A., Paris

Wie uns unser Geschäftsfreund, die Firma Rocher, Paris, mitteilt, haben Sie ein neuartiges Rostschutzmittel *(antirouille)* entwickelt.
Als Hersteller von Metallwaren sind wir sehr an Rostschutzmitteln interessiert und möchten daher gerne nähere Einzelheiten erfahren. Wodurch unterscheidet sich das neue Produkt von den bereits auf dem Markt befindlichen Rostschutzmitteln? Welche Versuche wurden bisher angestellt und welche Ergebnisse sind dabei erzielt worden?
Da wir Ihnen einen Probeauftrag erteilen wollen, wären wir auch für die Angabe Ihrer Preise dankbar.

d. Bauer & Co., Nürnberg, an ELITO S.A., Orléans

Wir besuchten Ihren Stand auf der letzten Hannover-Messe und erfuhren dabei von Ihrem Verkaufsleiter, M. Marry, dass Sie auch Spezialanfertigungen übernehmen.
Wir benötigen bis spätestens 1. März eine vollautomatische Bohrmaschine *(perceuse entièrement automatique)* nach beiliegenden Zeichnungen. Bitte teilen Sie uns mit, ob Sie die Maschine bis zu diesem Termin liefern können. Für die Mitteilung des Preises und Ihrer Verkaufsbedingungen wären wir Ihnen ebenfalls dankbar.
Wenn Sie sich über uns erkundigen wollen, wenden Sie sich bitte an die Firma Jean Roussel in Bordeaux, von der wir bereits mehrere Maschinen bezogen haben oder an die Deutsche Bank in Nürnberg.
Anlagen

Rédigez des lettres en français d'après les indications suivantes:

e. Müller & Co. in München haben die Anzeige von Barnois & Fils, Nancy, in der Zeitschrift „L'Industrie" gelesen. Sie bitten diese Firma um Zusendung ihres Werkzeugkatalogs und um Mitteilung ihrer günstigsten Exportpreise sowie ihrer Verkaufsbedingungen.

f. In einer Ausgabe von „Le Monde" finden Sie folgende Werbeanzeige:

Vous voulez gagner de la place dans vos bureaux (sans repousser les murs, bien sûr)?
Aménagez-les avec des meubles métalliques ALUTEX. Un choix de dimensions rationnelles, une variété de modèles d'armoires et de bureaux, une conception fonctionnelle, des livraisons immédiates ...
Demandez le dépliant illustré à ALUTEX, 4, rue des Capucines, 75006 Paris.
Ihre Firma hat die Absicht, insgesamt 2000 m^2 Büroräume neu zu möblieren.
Entwerfen Sie eine Anfrage an ALUTEX. Fordern Sie ausführliche Unterlagen an, und bitten Sie – unter Hinweis auf den Umfang des eventuellen Auftrags – um Angabe der günstigsten Preise.
Weisen Sie darauf hin, dass in naher Zu-

kunft eine Filiale Ihrer Firma ebenfalls neu möbliert werden soll.

g. Die Epikur-Importgesellschaft, Hamburg, sucht einen Lieferanten von Ahornsirup *(sirop d'érable)*. Von der kanadischen Botschaft in Bonn wurde ihr u. a. die Québec Alimentation, Québec, genannt.
Epikur bittet um umgehende Zusendung von 10 Flaschen Sirup zur Probe und Angabe des niedrigsten Preises bei Abnahme von 2000 Flaschen. Wenn der Sirup von erstklassiger Qualität und der Preis günstig ist, könnte eine laufende Geschäftsverbindung angebahnt werden. Es besteht große Nachfrage nach ausländischen Spezialitäten in Deutschland und die Epikur glaubt, dass auch der Absatz von Ahornsirup noch gesteigert werden könnte. Bei laufendem Bezug wäre es aus Gründen der Frachtersparnis vorteilhaft, den Sirup in größeren Behältern zu verschiffen und in Hamburg in Flaschen abzufüllen.

h. In der Zeitschrift „L'Usine" vom 17. Juni finden Sie eine Anzeige der Firma Richard S.A., Paris, die Gabelstapler *(chariots élévateurs à fourche)* verschiedener Größen herstellt.
Das kleinste Modell, der „Minilift", interessiert Sie besonders. Sie würden gerne nähere Einzelheiten darüber erfahren und bitten um Zusendung eines ausführlichen Prospekts und Preisangabe.
In Ihrem Betrieb – Sie sind Lebensmittelgroßhändler – muss täglich eine große Anzahl von Kisten verladen und gestapelt werden. Ein Gabelstapler, der so klein und wendig ist, dass er in den ziemlich engen Gängen Ihres Lagers eingesetzt werden kann, würde ein schnelleres und rationelleres Arbeiten ermöglichen.

Offres

Réponses faisant suite à des demandes et offres provoquées par le client – Offres spontanées et lettres publicitaires ou circulaires

1. Introduction

Réponses faisant suite à des demandes. Toute demande devrait faire l'objet d'une réponse, même si le fournisseur n'entrevoit pas la possibilité d'entrer en relations d'affaires avec l'expéditeur.

Si le fournisseur reçoit une demande de renseignements généraux, il enverra sa documentation d'information (prospectus, dépliants, catalogues, prix courants, éventuellement échantillons).

Si le fournisseur a besoin d'un certain délai pour préparer une offre détaillée, il adressera au client un accusé de réception de la demande en le priant de patienter un peu. Il en sera de même pour le cas où le fournisseur transmettrait la demande à un représentant ou à un agent.

Si le fournisseur n'est pas en mesure d'offrir les articles objet de la demande, il essaiera de suggérer au client des articles semblables qu'il serait à même de fournir. S'il ne peut pas du tout soumettre une offre correspondant aux exigences énoncées par le client, il indiquera l'adresse de maisons qui pourraient éventuellement satisfaire aux besoins du client.

Offres provoquées par le client. Suite à une demande d'offre précise, le fournisseur offrira par lettre, par téléfax, par télégramme ou par téléphone. Dans les deux derniers cas, il confirmera son offre par une lettre rappelant les détails.

Une offre complète contient les points suivants:

- Nature et qualité des marchandises offertes,
- Quantités (éventuellement),
- Prix (le cas échéant avec remises),
- Délais de livraison,
- Conditions et délais de paiement.

S'il s'agit d'une première prise de contact entre deux maisons ou commerçants, l'offre sera complétée par une documentation sur tous les produits qui pourraient intéresser le nouveau client.

Une offre peut être *ferme* ou *sans engagement.* Dans le premier cas, le fournisseur s'engage à livrer aux prix et conditions indiqués si le client passe la commande dans un délai raisonnable. L'offre ferme peut être limitée à un certain temps. Elle peut être annulée tant que le client n'a pas commandé. Une fois reçu l'ordre, le fournisseur ne peut révoquer son offre qu'avec le consentement du client.

Si, pour une raison quelconque, le fournisseur ne veut pas être lié par l'offre, il y mettra une des formules habituelles: «sans engagement», «sauf vente», «vente intermédiaire réservée», «jusqu'à épuisement du stock».

Offres spontanées. Pour établir de nouvelles relations commerciales, pour raviver des relations interrompues ou pour informer les clients habituels d'un nouveau produit ou d'une situation particulièrement favorable, le commerçant enverra une offre spontanée qui pourra être aussi complète qu'une offre provoquée par le client.

Lettres publicitaires et circulaires. Les lettres publicitaires et circulaires sont le plus souvent imprimées ou polycopiées. Elles sont adressées à un grand nombre de personnes privées ou de maisons qui pourraient s'intéresser aux produits du fournisseur. Leur but n'est pas forcément de provoquer directement une commande. Elles sont uniquement destinées à éveiller l'intérêt des destinataires, à déclencher des demandes d'information et à préparer ainsi de nouvelles relations commerciales. Elles sont souvent accompagnées d'une carte-réponse qui incite encore davantage les acheteurs éventuels à se mettre en relation avec le fournisseur.

2. Lettres modèles

a. Le fournisseur ne peut pas livrer

Messieurs,

Nous vous remercions de votre lettre citée en référence.
Malheureusement, nous devons vous faire savoir que nous ne pouvons pas vous soumettre l'offre que vous désirez, puisque nous avons abandonné depuis 2 ans la fabrication de tracteurs agricoles ainsi que la vente de pièces de rechange pour ces derniers.
C'est pourquoi nous avons transmis votre demande à la C.N.P., 47, route de Nice, 13000 Marseille, maison chargée de la distribution des pièces de rechange en question.
Nous espérons vous avoir été utiles et vous prions d'agréer, Messieurs, nos salutations distinguées.

---

b. Le fournisseur ne peut pas offrir en temps voulu

FRANCAM

véhicules industriels
cars - autobus

siège social: 8, quai Galliéni
92000 SURESNES

société anonyme de véhicules
industriels et d'équipements
mécaniques FRANCAM
au capital de 133 190 000 F

R.C.S. PARIS B 783 940 524
télécopie: 47 72 30 25
boîte postale 2-36
téléphone: 47 29 33 55

Monsieur Galantier
115, rue Pierre Curie
13011 Marseille

DATE: Suresnes, le 25 mai 19..
V./RÉF.: HG/b/di
N./RÉf.: AB/tl
OBJET: Votre demande du 13 mai

Monsieur,

Nous avons bien reçu votre demande mentionnée ci-dessus.

Nous sommes au regret de vous informer que nous ne pouvons pas vous soumettre l'offre désirée dans le délai que vous demandez. En effet, l'adaptation à votre véhicule du moteur FRANCAM en question exige l'éclaircissement préalable de certaines questions techniques. C'est pour cette raison que nous vous demandons de bien vouloir patienter quelques semaines. Nous ferons de notre mieux pour qu'une réponse détaillée vous parvienne dans la première semaine de juillet.

Veuillez croire, Monsieur, à l'expression de nos sentiments très distingués.

A. BRIN

C.C.P. PARIS 151-64 SIRET 261 928 781 00516 Télex: 27 986 FRAN-SUREN

c. Demande d'informations supplémentaires

Messieurs,

Nous vous remercions de votre demande du 13 courant concernant des clapets de décharge.
Nous avons besoin de quelques informations supplémentaires pour pouvoir vous fournir, comme vous le demandez, une réponse détaillée.
Nous vous demandons donc de bien vouloir nous indiquer:
1. La pression à laquelle nos clapets de décharge seront soumis
2. La cadence d'ouverture des clapets
3. La chaleur maxima à laquelle ils seront exposés

Dès réception de ces renseignements, nous vous soumettrons l'offre demandée.
Veuillez croire, Messieurs, à l'expression de nos sentiments les meilleurs.

---

d. Offre d'un camion-malaxeur

Cher Monsieur,

Nous référant à l'entretien téléphonique que nous avons eu avec vous avant Pâques, nous vous faisons savoir que nous disposons maintenant d'un camion-malaxeur qui pourrait vous intéresser:
Type du véhicule: Teliert MR 10.22
Type du malaxeur: Richier 104
Kilométrage: 153 000 km
Prix: 315 000 F
Paiement: par chèque bancaire sur Lyon
Vente intermédiaire réservée.
Si ce véhicule vous intéresse, nous vous demandons de bien vouloir venir nous rendre visite dans les jours qui suivent.
Dans l'attente du plaisir de vous revoir, nous vous prions de croire, cher Monsieur, à l'assurance de nos sentiments les meilleurs.

---

e. Offre de 10 hl de vin

Monsieur,

En réponse à votre lettre du 22 écoulé, nous vous informons que nous pouvons vous livrer les 10 hl de vin rouge «Côte d'Or» objet de votre demande au prix de 9 075 F, sauf épuisement.
Nos prix s'entendent franco-domicile TVA incluse. Uniquement en cas de demande en contre-remboursement, un supplément de 73,50 F TTC sera appliqué. Nous accordons une remise de 3% pour chèque joint à la commande.

Dans l'espoir que notre proposition retiendra votre attention, nous vous prions d'agréer, Monsieur, l'expression de nos sentiments les plus dévoués.

f. Offre sans engagement

Monsieur,

Suite à votre lettre du 2 ct relative à nos scaphandres autonomes «NAUTILUS», nous avons l'avantage de vous faire, sans engagement, l'offre qui suit:

type	poids en kg	dimensions en cm			prix
		longueur	largeur	hauteur	
N 35	11,2	65	36	45	6 990 F
N 37	13,4	67	38	45	9 090 F
N 39	13,6	67	40	45	9 660 F
N 41	15,0	68	42	45	10 080 F

Les prix s'entendent départ usine.
Les différents types ne se distinguent que par le volume des bouteilles et la puissance du moteur de remplissage.
Chaque type comprend, outre le scaphandre proprement dit:
1 bouteille de réserve,
1 compresseur de remplissage,
1 moteur à essence pour le compresseur.
Nous offrons une garantie de 2 ans sur tout notre matériel, y compris le moteur à essence.
Comme notre gérant, M. Martin, vous connaît personnellement, nous sommes disposés à vous accorder nos conditions de paiement valables pour le marché intérieur, c'est-à-dire règlement par traite à 90 jours.
Dans l'espoir d'être bientôt favorisés de vos ordres, nous vous prions d'agréer, Monsieur, nos salutations distinguées.

g. Offre de tissus d'ameublement

Monsieur,

Nous accusons réception de votre lettre du 11 ct par laquelle vous nous demandez une offre de tissus d'ameublement.
Nous vous envoyons sous ce pli notre prix-tarif A 7 qui, outre le prix et l'indication de la qualité des tissus, contient une courte description des dessins.
Les échantillons correspondant au prix-tarif A 7 vous parviendront par colis postal.
Nos prix s'entendent ex usine. Pour des commandes dépassant 9000 F, nous avons l'habitude de livrer franco-domicile. Paiement: trente jours net.

Nous espérons avoir bientôt le plaisir d'entrer en relations avec vous et, dans cette attente, nous vous prions de croire, Monsieur, à l'expression de nos sentiments dévoués.
P.J.

h. Offre de fusils de chasse

Messieurs,

J'accuse réception de votre lettre en date du 15 octobre et vous remercie de l'intérêt que vous portez à mes fusils.
J'ai le plaisir de vous remettre en annexe mon catalogue et le dernier prix courant.
Mes prix sont des prix nets auxquels viennent s'ajouter les frais d'emballage et de transport. Le paiement s'entend comptant à la commande.
Je me permets d'attirer votre attention sur la longue expérience que j'ai acquise dans la fabrication de fusils de chasse; mes articles sont connus dans le monde entier pour leur précision.
J'espère être bientôt favorisé d'une commande que j'exécuterai alors avec le plus grand soin.
Je vous prie d'agréer, Messieurs, l'expression de mes sentiments très distingués.
Annexes

i. Offre de chapeaux

Monsieur,

Nous accusons réception de votre demande d'offre citée ci-dessus et vous en remercions vivement. Nous sommes heureux que vous soyez intéressé par nos chapeaux.
Ci-joint, vous trouverez notre prix courant. Les numéros qui y figurent se réfèrent à notre catalogue n° 3472 qui vous parviendra par courrier séparé.
Pour des commandes dépassant 12000 F, nous sommes disposés à vous accorder une remise de 20% sur le prix courant.
Le délai de livraison est de 4 à 5 semaines, à l'exception des modèles 306 à 313 pour lesquels notre délai de livraison s'élève à 2 mois environ.
Nos conditions de livraison et de paiement figurent au verso du prix courant.
En cas de commande, nous vous prions, pour la bonne forme, de nous donner des références.
Étant donné qu'il faut s'attendre, dans un proche avenir, à une hausse des salaires et traitements, nous ne pouvons garantir nos prix que jusqu'à Noël.
Dans l'attente de votre réponse, nous vous prions de croire, Monsieur, à l'expression de nos sentiments les meilleurs.
P.J.

j. Offre spontanée

Messieurs,

Nous avons le plaisir de vous informer que nous venons de lancer sur le marché une nouvelle gamme de machines à équilibrer les roues de voitures de tourisme et de véhicules industriels.
Il s'agit de machines entièrement électroniques qui permettent de réduire considérablement la durée de l'équilibrage, d'où amortissement rapide et rentabilité accrue.
Voici les prix de nos trois modèles standard:
Type KH 314 pour roues de 10" à 14" .... F
Type KH 315 pour roues de 14" à 16" .... F
Type KH 316 pour roues de 16" à 20" .... F
Pour vous fournir une idée plus précise de ces nouvelles machines, nous joignons à la présente les prospectus correspondants. Si toutefois vous voulez vous informer vous-mêmes du fonctionnement de nos machines et des résultats qu'elles permettent d'obtenir, vous n'avez qu'à convenir d'une date avec nous et venir nous voir. Vous pourrez alors procéder vous-mêmes à des essais.
Espérant que notre documentation et nos informations attireront votre attention sur nos machines, nous vous prions de croire, Messieurs, à l'expression de nos sentiments distingués.
P.J.

k. Offre spontanée

Madame, Monsieur,

Vous voulez changer l'équipement de votre bureau, apporter des idées neuves, des innovations pratiques qui améliorent la qualité de vie chaque jour un peu plus. C'est aussi notre objectif.
Pour vous, nous avons tout prévu. Micro-ordinateurs de bureau ou portables avec écran monochrome ou couleur, imprimantes, télécopieurs, traitement de texte, photocopieurs noir et blanc ou couleur; tout notre équipement de bureau est entièrement conçu pour ceux qui les utilisent.
Aussi fiable qu'un micro-ordinateur de bureau, notre micro-portable CW-210 L n'est pas plus épais qu'un paquet de cigarettes.
System-writer, notre nouveau traitement de texte vous fait découvrir des horizons infinis. Son clavier ergonomique, son écran 70 caractères sur 18 lignes, son choix de caractères de styles différents, ses caractères scientifiques, graphiques et symboles vous séduiront et vous persuaderont de sa force.
Alors, n'attendez pas demain. Anticipez le développement de votre entreprise.
Pour connaître votre distributeur agréé, composez l'appel gratuit du Numéro Vert 06 06 32 15.

I. Offre spontanée

BÉTONNIÈRES GALANTIER

SOCIÉTÉ ANONYME AU CAPITAL DE 250 000 FRANCS
BUREAUX ET ATELIERS 115, RUE PIERRE CURIE
13011 MARSEILLE - B.P. 21 - TÉL. 84 37 32 92

Monsieur le Directeur
des Établissements BANET
7, rue Gambetta
59000 Cholet

Marseille, le 15 mars 19..

Monsieur le Directeur,

Vous êtes soucieux de rentabilité? Nous aussi.

Vous cherchez à diminuer le coût de vos biens d'équipement?

Les matériels que nous vous proposons sont étudiés dans ce but.

Grâce à un équipement toujours puissant et à l'amélioration de nos techniques, nous augmentons notre productivité et, conséquence qui vous intéresse directement, nous maintenons la stabilité de nos prix malgré la conjoncture.

Nos solutions sont devenues bon marché.

Vérifiez-le au moyen de la carte-réponse ci-jointe, en nous demandant de vous chiffrer une offre dans les modèles qui retiennent votre attention.

Nous vous prions d'agréer, Monsieur le Directeur, l'expression de nos sentiments distingués.

D. LEVALLOIS
Directeur des Ventes

Annexe

R.C.S. MARSEILLE B 531 273 284 SIRET 246 497 620 00051

m. Lettre publicitaire

Messieurs,

Municipalités, clubs, responsables de stades, H.L.M., parcs, exploitations, découvrent cet outil nouveau, plus efficace, moins cher: le microtracteur.
Ils découvrent dans la gamme MINITRAC des microtracteurs à partir de 15 500 F capables de tout faire: tondre, nettoyer les allées, les rues, les marchés, déneiger, entretenir, traiter, désherber ...
70% des microtracteurs sont des MINITRAC. Pourquoi? Question de rentabilité. Et d'efficacité.
Et puis, dans toute l'Europe, il y a 7 300 distributeurs et concessionnaires MINITRAC: service après-vente assuré.
Écrivez dès aujourd'hui à MINITRAC, 96, rue Washington, 75008 Paris. Nous vous adresserons toute la documentation sur la gamme MINITRAC.
Dans l'espoir de vous lire bientôt, nous vous prions d'agréer, Messieurs, nos salutations distinguées.

n. Lettre publicitaire

Cher Monsieur,

Après le DICTIONNAIRE DE LA PHYSIQUE en 4 volumes qui constitue à lui seul un ensemble complet et dont chaque tome comporte de 700 à 900 pages illustrées de 600 documents en couleur et 15 hors-texte, c'est maintenant le 5ᵉ et dernier volume qui vient de paraître sous le titre:
DICTIONNAIRE DE LA PHYSIQUE NUCLÉAIRE,
volume réalisé par une équipe de plus de 100 rédacteurs.
Ouvrage de lecture et d'information pour tous, le DICTIONNAIRE DE LA PHYSIQUE NUCLÉAIRE est aussi un instrument de travail indispensable aux étudiants, professeurs, journalistes spécialisés, etc.
Envoyez-nous dès aujourd'hui le bon de commande ci-joint.
Il est bien entendu que si vous retournez le ou les ouvrages dans les 5 jours, intacts sous leur emballage d'origine, vous serez libre de tout engagement.
Espérant recevoir votre commande sous peu, nous vous prions d'agréer, cher Monsieur, l'expression de nos sentiments dévoués.
P.J.

o. Carte-réponse

CARTE-RÉPONSE

Raison sociale ______________________________

Adresse ______________________________

Personne ou service destinataire ______________________________

Nous désirons recevoir:

☐ la visite d'un représentant

votre catalogue: ☐ visserie, boulonnerie
☐ tôles, barres, brides

Nous sommes intéressés par:

☐ décolletage
☐ pièces sur plan
☐ forge

3. Phraséologie

a. Formules d'introduction

Nous vous remercions de votre demande du …	Wir danken für Ihre Anfrage vom …
Ainsi que / Comme vous l'avez demandé, nous vous envoyons …	Wunschgemäß senden wir Ihnen …
Nous accusons réception de votre lettre du … / Nous avons bien reçu votre lettre du … et apprenons avec plaisir que vous êtes intéressé(s) par nos produits.	Wir haben Ihr Schreiben vom ... erhalten und stellen zu unserer Freude fest, dass Sie Interesse an unseren Erzeugnissen haben.
Nous référant à votre demande du …, nous avons le plaisir de vous soumettre l'offre suivante: …	Wir beziehen uns auf Ihre Anfrage vom … und unterbreiten Ihnen gerne folgendes Angebot: …
Le consulat allemand a été assez aimable pour nous communiquer votre adresse.	Das deutsche Konsulat hat uns freundlicherweise Ihre Anschrift zur Verfügung gestellt.

La Chambre de Commerce de Paris nous a fait savoir que vous vous intéressiez à … / que vous étiez intéressé(s) par …	Die Pariser Handelskammer hat uns mitgeteilt, dass Sie sich für … interessieren.
Nous vous envoyons les échantillons demandés.	Wir senden Ihnen die gewünschten Muster.
Nous vous envoyons ci-joint / en annexe / sous ce pli …	Anbei / In der Anlage / Als Anlage senden wir Ihnen …
Nous vous envoyons par courrier séparé …	Sie erhalten mit getrennter Post …
Les échantillons vous parviendront par colis postal.	Die Muster gehen Ihnen als Postpaket zu.

b. Prix et remises

Nos prix s'entendent FOB Le Havre.	Unsere Preise verstehen sich FOB Le Havre.
emballage compris	einschließlich Verpackung
emballage non compris	ausschließlich Verpackung
emballage au prix coûtant	Verpackung zum Selbstkostenpreis
emballage gratuit	Verpackung wird nicht berechnet
emballage à notre charge / à votre charge	Verpackung zu unseren Lasten / zu Ihren Lasten
brut pour net	brutto für netto
Nous accordons aux revendeurs une remise de $33\frac{1}{3}\%$ sur nos prix courants.	Wir gewähren einen Händlerrabatt von $33\frac{1}{3}\%$ auf unsere Listenpreise.
Les remises indiquées dans notre prix courant sont calculées sur le volume de la commande.	Die in unserer Preisliste angegebenen Rabatte richten sich nach der Größe der Bestellung.
Nous accordons une réduction spéciale de 10% sur les prix de notre catalogue.	Auf unsere Katalogpreise gewähren wir Ihnen einen Sonderrabatt von 10%.

c. Conditions de livraison

EXW	À l'usine/Ex works	EXW	Ab Werk
FCA	Franco transporteur/ Free carrier	FCA	Frei Frachtführer
FAS	Franco le long du navire/ Free alongside ship	FAS	Frei Längsseite Seeschiff

FOB	Franco bord/Free on board	FOB	Frei an Bord
CFR	Coût et fret/Cost and freight	CFR	Kosten und Fracht
CIF	Coût, assurance et fret/ Cost, insurance and freight	CIF	Kosten, Versicherung und Fracht
CPT	Port payé jusqu'à/Carriage paid to	CPT	Frachtfrei
CIP	Port payé, assurance comprise, jusqu'à/Carriage and insurance paid to	CIP	Frachtfrei versichert
DAF	Rendu frontière/Delivered at frontier	DAF	Geliefert Grenze
DES	Rendu ex ship/Delivered ex ship	DES	Geliefert ab Schiff
DEQ	Rendu à quai (droits acquittés)/ Delivered ex quai (Duty paid)	DEQ	Geliefert ab Kai (verzollt)
DDU	Rendu droits non acquittés/ Delivered duty unpaid	DDU	Geliefert unverzollt
DDP	Rendu droits acquittés/ Delivered duty paid	DDP	Geliefert verzollt

franco domicile — frei Haus

port payé / port dû — frachtfrei / unfrei

d. Délais de livraison

Les marchandises peuvent être livrées dès réception de votre commande.

Die Waren können sofort nach Eingang Ihrer Bestellung geliefert werden.

La livraison sera effectuée le plus tôt possible.

Die Lieferung erfolgt so bald wie möglich.

Pour des machines en version spéciale, le délai de livraison est de 4 à 6 mois.

Die Lieferzeit für Sonderanfertigungen von Maschinen beträgt 4–6 Monate.

Nous ne pouvons promettre la livraison dans le délai indiqué dans votre demande que si l'ordre nous parvient lundi prochain au plus tard.

Wir können die Lieferung innerhalb der in Ihrer Anfrage genannten Frist nur dann zusagen, wenn wir Ihren Auftrag bis nächsten Montag erhalten.

e. Conditions de paiement

paiement anticipé / par anticipation	Vorauszahlung
paiement (au) comptant à la commande / payable à la commande	Barzahlung bei Auftragserteilung
paiement par chèque dès réception de la facture pro forma	Zahlung durch Scheck sofort nach Eingang der Proforma-Rechnung
1/3 à la commande, 1/3 à la livraison et 1/3 dans les deux mois suivant la livraison	1/3 bei Auftragserteilung, 1/3 bei Lieferung und 1/3 innerhalb von zwei Monaten nach Lieferung
contre remboursement	gegen Nachnahme
paiement à la réception des marchandises	Zahlung bei Erhalt der Waren
paiement dans les 60 jours suivant la date de la facture	Zahlung innerhalb 60 Tagen nach Rechnungsdatum
30 jours net	30 Tage netto
3% d'escompte pour paiement dans les 8 jours	3% Skonto für Zahlung innerhalb 8 Tagen
comptant net dans les 3 semaines	netto innerhalb von 3 Wochen
2% d'escompte pour paiement (au) comptant	2% Skonto bei Barzahlung
2% d'escompte pour paiement dans les 10 jours ou comptant net dans les 30 jours	Zahlung innerhalb 10 Tagen abzüglich 2% Skonto oder innerhalb 30 Tagen netto
comptant contre documents	Kasse gegen Dokumente
documents contre acceptation	Dokumente gegen Akzept
les documents d'expédition seront remis contre acceptation bancaire	Übergabe der Versanddokumente erfolgt gegen Bankakzept
paiement par crédit documentaire irrévocable et confirmé	Zahlung durch unwiderrufliches und bestätigtes Dokumentenakkreditiv

f. Offre ferme jusqu'au ..., sans engagement, etc.

Notre offre est ferme sous réserve d'acceptation immédiate. Dans le cas contraire, elle est sans engagement.	Unser Angebot ist fest bei sofortiger Annahme, sonst freibleibend.
Notre offre est ferme sous réserve d'acceptation à la date du 15 juin. Notre offre est valable jusqu'au ...	Unser Angebot ist fest bei Annahme bis zum 15. Juni / Unser Angebot ist gültig bis ... / Wir halten Ihnen unser Angebot bis ... offen.

L'offre est ferme sous réserve de réponse dans les 3 jours. — Unser Angebot ist nur drei Tage gültig.

L'offre est sans engagement de notre part. — Das Angebot ist freibleibend.

Sous réserve de modifications de prix. — Preisänderungen vorbehalten

Nous nous réservons des modifications de prix dues aux fluctuations du marché. — Durch Marktschwankungen bedingte Preisänderungen behalten wir uns vor.

Facturation sur la base du prix valable au moment de l'expédition. — Die Berechnung erfolgt auf Grund des zur Zeit des Versandes gültigen Preises.

Sauf vente / Vente intermédiaire réservée. — Zwischenverkauf vorbehalten.

Jusqu'à épuisement du stock. — Solange unser Vorrat reicht.

g. Formules finales

Veuillez nous indiquer bientôt vos besoins, si possible par téléfax. — Bitte teilen Sie uns bald, wenn möglich per Telefax, Ihren Bedarf mit.

Étant donné qu'il devrait y avoir prochainement une augmentation des prix, nous vous recommandons d'utiliser cette offre sans tarder. — Da die Preise bald anziehen dürften, möchten wir Ihnen raten, von diesem Angebot umgehend Gebrauch zu machen.

Nous espérons que nos prix avantageux vous inciteront à nous passer une commande. — Wir hoffen, dass unsere günstigen Preise Sie veranlassen werden, uns einen Auftrag zu erteilen.

Notre longue expérience vous garantit une marchandise de toute première qualité. — Unsere langjährige Erfahrung garantiert Ihnen erstklassige Ware.

Nous vous assurons que votre ordre sera exécuté à votre entière satisfaction. — Wir versichern Ihnen, dass Ihr Auftrag zu Ihrer vollen Zufriedenheit ausgeführt wird.

Vous pouvez compter sur l'exécution rapide et soignée de votre commande. — Sie können sich auf die rasche und sorgfältige Ausführung Ihres Auftrags verlassen.

Une commande d'essai vous convaincra de la qualité de nos produits. — Ein Probeauftrag wird Sie von der Qualität unserer Erzeugnisse überzeugen.

Comme nous n'avons pas encore été en relations d'affaires avec vous, nous vous demandons de bien vouloir nous donner les références d'usage lors de la passation de la commande. — Da wir mit Ihnen bisher noch nicht in Geschäftsverbindung standen, möchten wir Sie bitten, uns bei Auftragserteilung die üblichen Referenzen anzugeben.

Dans l'espoir d'être / Espérant être bientôt favorisés d'une commande, nous vous prions d'agréer, Messieurs, … — Wir hoffen, bald einen Auftrag von Ihnen zu erhalten …

Les réductions sur les prix *(die Preisermäßigung)*

1. **Le rabais** *(der Preisnachlass)*
   Le rabais est accordé au client lorsqu'il se plaint de la mauvaise qualité de la marchandise livrée ou d'une livraison non conforme à la commande ou encore d'un retard dans la livraison.
   Le rabais est aussi pratiqué par certains magasins lors de ventes anniversaires, quinzaines commerciales et pour écouler des fins de série.
2. **La remise** *(der Rabatt/der Mengenrabatt/der Sonderrabatt)*
   La remise est accordée par le fournisseur à l'acheteur pour le récompenser du volume de sa commande, de sa fidélité et de sa qualité de revendeur.
3. **La ristourne** *(der Treuerabatt)*
   Le fournisseur accorde une réduction, la ristourne, à son client suivant un taux progressif sur le montant des factures d'une période, l'année en général, pour le remercier de sa fidélité.
4. **L'escompte** *(das Skonto)*
   Le fournisseur accorde un escompte à l'acheteur pour l'inciter à régler sa facture au comptant alors qu'il bénificie d'un délai de paiement.

4. Exercices

Traduisez les lettres suivantes:

a. Maschinenfabrik Schultheiss AG, Göppingen, an FRANCAM, Suresnes (Frankreich)

Wir danken für Ihre Anfrage, die Sie an die Zeitschrift „La Mécanique" richteten und überreichen Ihnen als Anlage das gewünschte Prospektmaterial über Senkrecht-Drehmaschinen *(tours verticaux)* zu Ihrer allgemeinen Information.
Sollten Sie in Ihrem Betrieb irgendwelche Fertigungsprobleme haben, für die eine Vertikal-Drehmaschine in Betracht käme, so bitten wir Sie, uns Zeichnungen der zu fertigenden Werkstücke mit weiteren Einzelheiten zuzusenden, damit wir Sie detailliert beraten können.

Anlage: Prospekte

b. Pohlmann AG, Stuttgart, an
R. Romagne, Abidjan (Elfenbeinküste)

Wir nehmen Bezug auf den Besuch von M. Marrie auf der Hannover-Messe und übersenden Ihnen in der Anlage die erbetenen Unterlagen über unsere Elektroherde *(cuisinières électriques);* die Preislisten sind beigefügt. Wir sind bereit, Ihnen auf diese Preise einen Rabatt von 35% einzuräumen, vorausgesetzt, dass der Export durch uns direkt durchgeführt wird.
Die Lieferung erfolgt CIF Abidjan; für seemäßige Verpackung werden DM 75,– pro Gerät auf den Nettopreis aufgeschlagen.
Unsere üblichen Zahlungsbedingungen sind: Unwiderrufliches, bestätigtes Akkreditiv zu unseren Gunsten, auszahlbar bei der Deutschen Bank, Stuttgart.

Die Lieferzeit für die angebotenen Herde beträgt im Augenblick ca. 2 Monate.
Wir würden uns freuen, bald von Ihnen zu hören.

Anlagen

c. Optische Werke GmbH, München, an Achmed Afra, Tunis

Wir danken Ihnen für Ihr Schreiben vom 10. 2. und freuen uns, dass Sie sich für unsere Projektionsapparate *(projecteurs)* interessieren. Unsere Geräte haben sich auf Grund ihrer Präzision und Zuverlässigkeit im In- und Ausland einen guten Namen gemacht.
Als Drucksache senden wir Ihnen Prospektmaterial über alle Geräte, die wir zur Zeit liefern. Die Prospekte enthalten Abbildungen und Beschreibungen sowie die Maße und Gewichte der einzelnen Geräte.
Die Preise sind in der beiliegenden Exportpreisliste enthalten. Sie verstehen sich FOB deutscher Hafen oder Flughafen, einschließlich Verpackung. Preisänderungen behalten wir uns vor.
Unsere Zahlungsbedingungen lauten: Bei Erstaufträgen Eröffnung eines unwiderruflichen, bestätigten Akkreditivs zu unseren Gunsten, auszahlbar bei der Dresdner Bank in München.
Gegenwärtig benötigen wir für alle unsere Geräte eine Lieferzeit von 6–8 Wochen.
Mit Auskünften über Verschiffungsmöglichkeiten, Frachtsätze usw. sowie mit Proforma-Rechnungen zur Einholung von Importlizenzen stehen wir Ihnen auf Wunsch gerne zur Verfügung.
Wir hoffen, bald einen Probeauftrag von Ihnen zu erhalten, den wir prompt und sorgfältig erledigen werden.

Anlage

d. Bayerische Maschinenfabrik AG, München, an SOLIMA S.A., Paris

Wir danken Ihnen für Ihr Schreiben vom ... und übersenden Ihnen mit gleicher Post unseren Katalog 19.. sowie unsere z.Z. gültigen Preislisten.
Unser allgemeiner Katalog hat vor allem den Zweck, unseren künftigen Kunden in großen Zügen ein Bild unseres Fabrikationsprogramms zu geben und deshalb sind, wie Sie bemerken werden, die technischen Einzelheiten und die Beschreibungen kurz gefasst.
Da wir annehmen, dass Sie besonders an den Maschinen interessiert sind, die in dem kürzlich in der Fachzeitschrift „Constructions mécaniques" erschienenen Artikel erwähnt wurden, fügen wir über dieselben ausführlichere Prospekte bei.
Falls Sie weitere Informationen über irgendeine der von uns hergestellten Maschinen wünschen, stellen wir Ihnen gerne zusätzliche Unterlagen zur Verfügung.
Wie Sie aus unseren Preislisten ersehen werden, sind alle Preise geliefert deutsche Grenze kalkuliert.
Alle Maschinen und Zubehörteile, die in den Preislisten 1–5 aufgeführt sind, können innerhalb 3–4 Wochen versandt werden. Leider sind wir nicht in der Lage, für die größeren Maschinen eine genaue Lieferzeit zu nennen, da mit deren Herstellung gewöhnlich erst begonnen wird, wenn ein fester Auftrag vorliegt und wir daher nur eine sehr beschränkte Anzahl auf Lager haben. Es ist uns jedoch im Allgemeinen möglich, Lieferung innerhalb 4–6 Monaten nach Auftragseingang vorzunehmen.
Wir sind bereit, Ihnen für alle Aufträge, die ... übersteigen, einen Rabatt von 5% auf die Listenpreise zu gewähren. Zahlung soll

durch Bankscheck bei Erhalt der Rechnung erfolgen.
Wir sind in Frankreich nicht vertreten, würden jedoch im Falle einer Auftragserteilung veranlassen, dass einer unserer Ingenieure die erste Lieferung begleitet und in Ihrem Werk verbleibt, bis die Maschinen aufgestellt und in Betrieb genommen worden sind. Außerdem könnten einige Ihrer Betriebsangehörigen in unserem Werk ausgebildet werden.
Wir hoffen, dass wir bald Gelegenheit haben, Sie von unserer Leistungsfähigkeit zu überzeugen.

Rédigez des lettres en français d'après les indications suivantes:

e. Gerber & Co., München, erhalten von der Maschinenfabrik Müller & Söhne in Dortmund eine an diese gerichtete Anfrage der S[té] VÉCAT, Bangui (Zentralafrikanische Republik), wegen Brauereimaschinen *(machines de brasseries)*. Da Müller & Söhne keine derartigen Maschinen herstellen, haben sie die Anfrage zuständigkeitshalber an Gerber & Co. weitergeleitet.
Gerber & Co. übersenden der S[té] VÉCAT, wie gewünscht, Proforma-Rechnung dreifach. Die Prospekte (französisch) und sonstige Unterlagen erhält die zentralafrikanische Firma mit getrennter Post.
Gerber & Co. sind eine Spezialfabrik für Brauerei- und Mälzereianlagen *(équipements de brasseries et malteries)*, die namhafte Brauereien im In- und Ausland beliefert. Ihre Maschinen sind von bewährter Konstruktion, erstklassiger Verarbeitung und darüber hinaus – wie die zentralafrikanische Firma aus der Proforma-Rechnung ersehen wird – sehr preisgünstig.
Gerber & Co. würden sich freuen, einen Auftrag zu erhalten und sichern der Société VÉCAT pünktliche und sorgfältige Ausführung zu.

f. Die Puppenfabrik Zeidler & Co. in Bad Tölz hat von der Industrie- und Handelskammer in München erfahren, dass die Fa. Dupont & Fils, Paris, daran interessiert ist, Original-Trachtenpuppen aus Bayern *(poupées bavaroises en costume régional)* zu beziehen.
Zeidler & Co. wenden sich an die Firma Dupont & Fils und bieten ihre Trachtenpuppen an. Die Größe der Puppen beträgt 20 cm, der Kopf ist aus Holz geschnitzt, die Tracht im Tölzer Stil ist aus Original-Trachtenstoffen gefertigt. Die Puppen können einzeln oder als Pärchen geliefert werden. Der Stückpreis pro Puppe beträgt DM …
Die Puppen werden in Spezialkartons zu je einem Dtzd. verpackt und mit Luftpost oder gewöhnlicher Post versandt. Was die Zahlungsbedingungen betrifft, so schlagen Zeidler & Co. zunächst „Barzahlung bei Auftragserteilung" vor.
Zeidler & Co. sind gerne bereit, der Fa. Dupont & Fils ein Musterpärchen zu senden und hoffen, bald von dieser Firma zu hören.

g. Die Firma Ludwig Schmitt in München erfährt von Weber & Braun, ihren Geschäftsfreunden in Hamburg, dass die Firma Cartie & Cie, Paris, an der Einfuhr von Manikür-Garnituren *(ongliers)*, Reisenecessaires *(nécessaires de toilette)* und Kleinlederwaren interessiert ist.
Schmitt hat eine große Auswahl an Artikeln dieser Art, die er zu konkurrenzfähigen Preisen liefern kann. Er unterbreitet Cartie & Cie ein Angebot, dem er seine z. Z. gültige Preisliste beilegt. Gleichzeitig übersendet er seinen allgemeinen Katalog als Drucksache. Er ist auch gerne bereit, der französi-

schen Firma auf Wunsch Muster vorzulegen.
Die in der Preisliste aufgeführten Preise verstehen sich einschließlich Verpackung. Preisänderungen behält sich Schmitt vor. Die Mengenrabatte für größere Bestellungen sind ebenfalls in der Preisliste angegeben.
Was die Zahlungsbedingungen betrifft, so schlägt Schmitt Zahlung bei Erhalt der Waren vor.
Die Lieferung erfolgt im Allgemeinen innerhalb 14 Tagen nach Eingang der Bestellung.
Schmitt bittet die französische Firma, ihm bald ihren Bedarf mitzuteilen. Er würde sich freuen, mit ihr in Geschäftsverbindung zu treten und verspricht sorgfältige Ausführung ihrer Aufträge.

h. Herr Schmiedel von der Georg Deister KG, Spielzeugfabrik in Nürnberg, war kürzlich in Frankreich, um M. Lelouche, den Chefeinkäufer der Magasins Bordelais, einer Warenhausfirma in Bordeaux, mit den Erzeugnissen seiner Firma bekannt zu machen. Nach Herrn Schmiedels Rückkehr schreibt die Georg Deister KG an die französische Warenhausgesellschaft.
Zuerst bedankt sie sich für das Herrn Schmiedel gezeigte Entgegenkommen. Sollte M. Lelouche einmal Nürnberg besuchen, so wird sie sich ihrerseits bemühen, ihm in jeder Weise behilflich zu sein.
Wie Herr Schmiedel mitteilte, interessiert sich die französische Firma für mechanische Spielwaren, befürchtet jedoch, die deutschen Erzeugnisse könnten wegen des scharfen Wettbewerbs einheimischer Firmen nicht konkurrenzfähig sein.
Dazu stellt die Nürnberger Firma fest, dass die meisten ihrer mechanischen Spielwaren patentierte Neuheiten sind, die auf dem französischen Markt wohl kaum auf Konkurrenz stoßen dürften.
Um die Einführung ihrer Spielwaren auf dem französischen Markt zu erleichtern, ist die Georg Deister KG bereit, der französischen Firma bei Auträgen von mindestens DM ... einen Rabatt von 10% auf alle in ihrem neuesten Katalog aufgeführten mechanischen Spielwaren einzuräumen.
Die Nürnberger Firma hofft, dass die französische Warenhausgesellschaft von diesem günstigen Angebot umgehend Gebrauch machen wird.

Commandes (ordres)

Réponses à des offres – Commandes – Confirmations de commande

1. Introduction

Réponses à des offres. Après avoir reçu une offre, le commerçant l'examinera et la comparera, le cas échéant, à des offres d'autres fournisseurs. Si les conditions de l'offre lui conviennent, il passera une commande (un ordre).
Au cas où l'offre ne serait pas à sa convenance, le commerçant, par politesse, adressera au fournisseur une courte lettre dans laquelle il exposera la raison de son refus.
Quelquefois, le commerçant qui a reçu une offre est intéressé par les articles offerts, mais les prix, les conditions de paiement ou les délais ne lui conviennent pas. Dans ce cas, il essaiera d'obtenir des concessions de la part du fournisseur en lui soumettant une contreproposition.

Commandes. Une commande peut être passée par lettre, par bon de commande, par télégramme, par télex, par téléfax ou bien de vive voix par téléphone ou à un représentant.
La commande fait effet de contrat de vente si elle est consécutive à une offre ferme. Dans tous les autres cas (si la commande est passée à la suite d'une offre sans engagement, si elle est passée après expiration d'un délai fixé dans l'offre, si elle comporte des modifications par rapport à l'offre ou si elle est passée sans que le fournisseur ait présenté une offre), le contrat de vente passe pour être conclu si le fournisseur accepte la commande, soit expressément par un accusé de réception, soit tacitement en ne la refusant pas, soit par la livraison immédiate des marchandises commandées.
Une commande qui ne fait pas suite à une offre, mais qui a été déclenchée par la recommandation d'un correspondant, par une publicité, etc. est en général une commande d'essai peu importante.
Les clients qui s'approvisionnent régulièrement auprès d'un fournisseur passent souvent leurs commandes sous forme d'un programme de livraison où les différentes livraisons partielles sont cadencées suivant les besoins des clients.

Confirmations de commande. Les commandes passées verbalement, par télégramme, par télex ou par (télé)fax (télécopie) doivent être confirmées par lettre. Celle-ci reprendra tous les détails de la commande proprement dite.

2. Lettres modèles

a. Rejet d'une offre

Monsieur,

Je vous remercie vivement de votre offre et des échantillons que vous avez bien voulu m'envoyer.
Malheureusement, je ne suis pas à même de vous passer commande, parce qu'un de vos concurrents m'a offert des qualités comparables à un prix plus avantageux.
Les échantillons vous seront retournés par colis postal.
Veuillez agréer, Monsieur, mes salutations distinguées.

b. Le délai de livraison proposé est trop long

Messieurs,

Nous accusons réception de votre offre du 12 ct et vous en remercions vivement. Nous serions en principe disposés à accepter les conditions et prix que vous proposez, mais le délai de livraison prévu est trop long pour nous. Vous serait-il possible d'effectuer une livraison partielle d'ici fin novembre?
En cas de réponse affirmative, nous serions prêts à vous passer cette commande.
Vous demandant de nous répondre par retour du courrier, nous vous prions d'agréer, Messieurs, l'expression de nos sentiments distingués.

c. Commande d'essai

Messieurs,

Nous avons reçu votre offre citée ci-dessus et vous en remercions. Les échantillons que vous aviez joints ont attiré notre attention, surtout le n° 342.
Aussi sommes-nous disposés à vous passer une première commande d'essai portant sur:

10 unités n° 342 / 5 unités n° 341 / 5 unités n° 299

Le paiement s'effectuera par chèque dès réception de votre facture.
Pour tout renseignement sur notre maison, nous vous demandons de bien vouloir vous adresser à la SMEC, 23, rue de Tivoli, Lyon, ou au Crédit Lyonnais, 112, rue des Capucines, Paris.
Les articles objet de notre commande devront nous parvenir avant la fin de ce mois pour que nous puissions les écouler au début de l'année prochaine.
Nous espérons que les marchandises seront conformes aux échantillons et vous prions d'agréer, Messieurs, l'assurance de nos sentiments distingués.

d. Bon de commande

conserverie
La Concarnoise

S.A. au capital de 251 000 F • R.C. LORIENT 856 500 749 B

C.C.P. 126 45 D NANTES
PORT-MARIA . B.P. 17
29110 Concarneau
Tél.: 97.50.12.54

BON DE COMMANDE

M., Mme, Mlle (écrire en lettres majuscules S.V.P.)

MONSIEUR
PAUL CHAUNU

Adresse

8, PLACE FÉLIX-FAURE

Date: 10 janvier 19..

Code Postal: 75015
Ville: PARIS

commande les articles suivants aux Conditions Générales de vente et particulières du Tarif DG en vigueur de la Conserverie «La Concarnoise»

DÉSIGNATION DES ARTICLES	FORMATS	QUANTITÉS TOTALES*	A Nombre de fois la quantité	B Prix pour chaque quantité	MONTANT A x B
Sardines à l'huile d'arachide pure	1/15	25	5	23 50	117 50
Sardines à l'huile d'olive	1/16	30	6	50 00	300 00
Sardines à l'huile d'olive et citron	1/16	30	6	54 00	324 00
Soupe de poisson (pour 4 assiettes)	1/2	24	1	184 80	184 80
Soupe de poisson (pour 8 assiettes)	1/1	12	1	180 00	180 00
Thon blanc au naturel	1/6	25	5	66 00	330 00
Thon blanc entier à l'huile d'olive	1/5	35	7	93 00	651 00
Thon blanc sauce catalane	1/4	25	5	90 00	450 00
Miettes de thon à l'huile d'arachide	1/5	20	4	80 00	320 00
Filets de maquereaux	1/4	20	4	65 00	260 00
Anchois à l'huile d'olive	1/6	25	5	65 00	325 00
Port SERNAM = 98 F					
Port P. et T. = 43 F					
MONTANT TOTAL NET					3767 30

* La quantité totale doit être impérativement de 5 - 10 - 20 - 25, etc. pour chaque article dont le prix est indiqué par ⑤ sur le tarif, et de 6 - 12 - 18 - 24 - 30 - 36, etc. pour chaque article dont le prix est indiqué par ⑥ sur le tarif.

voir nos conditions d'expédition sur notre tarif

T.V.A. incluse
Signature:

e. Commande de véhicules

Messieurs,

Nous référant à votre offre du 5 mai 19.., nous vous commandons:

5 fourgonnettes type AK 35,
5 châssis-cabines type AK 34,
3 châssis spéciaux pour benne à ordures ménagères.

La livraison doit s'effectuer à l'adresse indiquée au verso de la présente. Elle doit être accompagnée de deux bordereaux rappelant le numéro et la date de la présente commande.
Le paiement s'effectuera le 10 du mois suivant la réception de la facture par traite à 90 jours.
Les marchandises nous seront garanties contre tout défaut de matière ou vice de construction pendant le délai d'un an à dater de leur réception. Le fournisseur sera responsable de tout dommage direct ou indirect occasionné par les fournitures objet de cette commande. La garantie pourra être prolongée au-delà d'une année si un défaut systématique affecte les marchandises.
Nous vous prions de nous confirmer notre commande.
Veuillez agréer, Messieurs, nos salutations distinguées.

f. Commande de livres par télécopie

Monsieur,

Suite à votre offre du 15 avril, nous vous prions de bien vouloir nous faire parvenir aux conditions indiquées dans l'offre ci-dessus mentionnée:

150 exemplaires n° 1956 Deutsche Handelskorrespondenz,
250 exemplaires n° 2624 Grundprobleme der deutsch-französischen Übersetzung.

Veuillez agréer, Monsieur, nos salutations distinguées.

GARAGES ALBERT LAPRO

Société à responsabilité limitée au capital de 250 000 F
118, rue de l'Hôtel-de-Ville 26400 CREST

Ets Laugier Frères
102, rue Carreterie
84000 Avignon

Notre Réf.: NT/AJ
Votre Réf.: L/pt-44
Date: 6 février 19..

Objet: Moteurs d'adaptation type 2105

Messieurs,

Vous remerciant de l'offre que vous avez bien voulu nous faire remettre par Monsieur Herschel, nous vous demandons de nous livrer avant le 17 mars les 3 moteurs d'adaptation figurant dans votre offre.

Comme d'habitude, nous réglerons la somme de 31 224 francs français dans les 30 jours suivant la réception de la facture par virement à votre compte au Crédit mutuel agricole d'Avignon.

Veuillez agréer, Messieurs, nos meilleures salutations.

Le Président-Directeur Général

A. JOLLY

TÉL.: 33 45 07 19
R.C.S. Valence B 705 323 748

B.P. 27
C.C.P. LYON 330624

h. Confirmation d'une commande téléphonique

G
A
R
A
G
E

GUILLEMOT 12, rue Jean Mermoz · 92380 Garches

Établissements Artisse & Cie
32, rue Édouard Vaillant
44000 Nantes

Garches, le 13 septembre 19..

V./RÉF.:
N./RÉF.: PL/tf

À l'attention de Monsieur Dupont

Notre commande téléphonique de ce matin

Monsieur,

En confirmation de notre commande transmise par téléphone, nous vous rappelons les numéros et quantités des pièces commandées:

quantité	numéro	prix unitaire
150	85.32.16	45,90 F
150	85.33.73	84,50 F
250	86.72.39	3,10 F
80	86.83.98	96,00 F

Le délai de livraison de 4 semaines que vous avez promis au téléphone est de rigueur. À défaut de livraison à la date convenue, nous pourrons résilier la commande sans indemnité.

Pour le règlement de la facture, nous appliquerons le cours du change valable le 15 du mois suivant la réception de la facture.

Nous vous prions d'agréer, Monsieur, nos salutations distinguées.

P. LANIER

C.C.P. Paris 151-64 N° d'entreprise de l'I.N.S.E.E. 261 111 073 00012 Télex: 27 986 GUILLEMOT

C.P.T.R.

(COMPAGNIE GÉNÉRALE DES TURBO-RÉACTEURS)

Aéroport PAU-PYRÉNÉES – F 64230 LESCAR

TÉLÉPHONE: 59 44 22 11 TÉLEX:5600088 CEPYTU TÉLÉCOPIE: 59 22 66 12

TÉLÉCOPIE / FAX

Réf. n° Offre Stro/Ra/17 V/Correspondant: M. Tauschnik
DAT: 19 mai ... Page: 1

Destinataire: Fax N°: 4582
(TO)

Ets. Perdurie
76, rue de Morlaas
56120 Josselin

Messieurs,

Le délai de livraison de cinq jours indiqué dans votre fax correspondant à nos exigences, nous confirmons la commande de 250 ventilateurs 21.215 aux conditions de l'offre indiquée ci-dessus.

Veuillez agréer, Messieurs, l'expression de nos sentiments distingués.

j. Tarifs

SPÉCIALITÉS DE SARDINES	Format	Contenance	Quantité	Prix
Sardines à l'huile d'arachide pure	1/15	50 cm³	5 Btes	23,50
" "	1/10	75 "	5 "	32,00
" "	1/6	125 "	5 "	45,00
" "	1/4	187 "	5 "	65,00
" "	1/3	250 "	5 "	82,50
Sardines à la sauce tomate	1/10	75 "	5 "	32,00
" "	1/6	125 "	5 "	45,00
Sardines à l'huile d'olive	1/6	125 "	5 "	50,00
Sardines à l'huile d'olive et au citron	1/6	125 "	5 "	54,00
Sardines à l'huile d'olive et aux achards	1/6	125 "	5 "	58,00
Sardines au vin blanc et aux tomates	1/6	125 "	5 "	53,00
Roulades de sardines à la provençale (à consommer chaud)	1/2	375 "	2 "	50,00
Crème de sardines à la fine champagne et au citron	1/10	85 "	5 "	40,00
SOUPE DE POISSON BRETONNE				
Format 1/2 H. - 425 cm³ (pour 4 assiettes)			12 "	96,00
" "			24 " (1 carton)	184,80
Format 1/1 H. - 850cm³ (pour 8 assiettes)			6 "	96,00
" "			12 " (1 carton)	180,00
SPÉCIALITÉS DE THON BLANC (Germon)				
Thon blanc au naturel	1/6	142 "	5 "	66,00
" "	1/4	212 "	5 "	90,00
" "	1/2	425 "	5 "	165,00
Thon blanc entier à l'huile d'arachide	1/10	85 "	5 "	47,50
" "	1/5	170 "	5 "	90,00
Thon blanc entier à l'huile d'olive	1/10	85 "	5 "	48,00
" "	1/5	170 "	5 "	93,00
Thon blanc sauce catalane	1/4	212 "	5 "	90,00
Miettes de thon à l'huile d'arachide	1/10	85 "	5 "	41,00
" "	1/5	170 "	5 "	80,00
Miettes de thon à l'huile et à la tomate	1/10	85 "	5 "	41,00
" "	1/5	170 "	5 "	80,00

✷ NOTRE THON BLANC A OBTENU LA NOTE 9/10 ET S'EST CLASSÉ ✷
PREMIER AU BANC D'ESSAI DE LA REVUE GAULT MILLAU

FILETS DE MAQUEREAUX				
au vin blanc et aux aromates (préparés à la main)	1/6	125 "	5 "	45,00
" "	1/4	187 "	5 "	65,00
ANCHOIS (façon sardine)				
Anchois à l'huile d'olive	1/6	125 "	5 "	65,00
Anchois à la sauce tomate	1/6	125 "	5 "	65,00

Extrait des Conditions Générales de Vente

Expéditions: Nos marchandises vous seront expédiées pour une commande d'un montant minimum de 300,00 francs. Participation **forfaitaire et invariable de 98,00 F** pour une commande expédiée à une seule adresse, quel que soit son montant, sauf si celui-ci atteint 2 500 F auquel cas nous prendrons entièrement à notre charge les frais de transport. Seuls les colis cadeaux pourront être expédiés par poste. Rajouter dans ce cas 43,00 F par colis pour frais d'affranchissement et d'emballage. Ne pas omettre de nous préciser l'adresse de livraison si celle-ci n'est pas celle indiquée sur le bon de commande et de joindre votre carte de visite ou de vœux éventuellement.
Les marchandises voyagent toujours aux risques et périls du destinataire qui devra faire les réserves auprès du transporteur en cas d'avarie ou de manquant.

Règlement: À la commande par chèque bancaire ou postal à l'ordre de la Conserverie LA CONCARNOISE - 29110 Concarneau. Toute commande non accompagnée de son règlement sera expédiée en port dû et contre remboursement.
Le Tribunal de Commerce de Lorient est seul compétent pour trancher tout différend.

✷ QUALITÉ TRADITIONNELLE ET FAMILIALE ✷

3. Phraséologie

a. Formules d'introduction

Nous accusons réception de votre offre du ... et vous en remercions.	Wir bestätigen dankend Ihr Angebot vom ...
Nous vous remercions de votre offre du ... et vous prions de bien vouloir nous envoyer ...	Wir danken für Ihr Angebot vom ... und bitten um Zusendung von ...
Nous référant à votre offre du ..., nous vous prions de nous livrer ...	Wir beziehen uns auf Ihr Angebot vom ... und bitten Sie zu liefern ...
Nous confirmons notre commande téléfaxée du ... comme suit: ...	Wir bestätigen unsere per Fax erteilte Bestellung vom ... wie folgt: ...
Ci-joint, vous trouverez notre commande / ordre n° ... / Nous joignons à la présente notre commande n° ...	Anbei erhalten Sie unsere Bestellung Nr. ... / Wir legen Bestellung Nr. ... bei.
Veuillez noter / prendre note de la commande figurant ci-dessous pour livraison immédiate: ...	Bitte merken Sie folgenden Auftrag zur sofortigen Lieferung vor: ...
Veuillez me faire parvenir les articles suivants en débitant mon compte de la somme correspondante. / À titre d'essai, nous vous passons commande de: ...	Bitte senden Sie mir folgende Artikel unter Belastung meines Kontos: ... / Probeweise bestellen wir: ...

b. L'acheteur indique ses conditions et donne des instructions

Veuillez accuser réception de cette commande et nous indiquer la date la plus proche à laquelle vous pourrez livrer.	Wir bitten um Bestätigung dieses Auftrags und Angabe des frühesten Liefertermins.
Les marchandises doivent absolument être livrées d'ici / avant la fin de la semaine prochaine.	Die Waren müssen unbedingt bis Ende nächster Woche geliefert werden.
Veuillez faire en sorte que la marchandise soit embarquée sur le premier cargo disponible.	Bitte veranlassen Sie, dass die Waren mit dem ersten verfügbaren Frachter verschifft werden.
Les délais de livraison figurant / indiqués dans notre commande doivent être strictement observés / sont de rigueur.	Die in unserer Bestellung genannten Liefertermine müssen genau eingehalten werden.
Nous nous réservons le droit d'annuler la commande si la livraison n'a pas été effectuée d'ici le 1er mars.	Wir behalten uns das Recht vor, die Bestellung zurückzunehmen, wenn die Lieferung nicht bis zum 1. März erfolgt.

Vous serez responsable(s) de toute perte occasionnée par un retard éventuel dans la livraison.

Für alle Verluste, die uns bei einer eventuellen Lieferverzögerung entstehen, müssen wir Sie verantwortlich machen.

Les marchandises doivent correspondre / être conformes aux échantillons.

Die Waren müssen den Mustern entsprechen.

Les marchandises de qualité inférieure seront retournées / renvoyées aux risques et périls du fournisseur.

Waren minderer Qualität werden auf Kosten und Gefahr des Lieferanten zurückgesandt.

Au cas où vous ne pourriez livrer des marchandises conformes aux échantillons, nous vous prions de nous livrer la qualité qui s'approche le plus de celle des échantillons.

Falls Sie keine den Mustern entsprechenden Waren liefern können, senden Sie uns bitte die den Mustern am nächsten kommende Qualität.

Nous vous demandons d'assurer un emballage approprié des marchandises.

Bitte sorgen Sie für geeignete Verpackung der Waren.

Un emballage très soigné est indispensable.

Sorgfältige Verpackung ist unbedingt erforderlich.

L'emballage doit être assez solide pour offrir une protection suffisante aux marchandises.

Die Verpackung muss so fest sein, dass sie den Waren ausreichend Schutz bietet.

Des indications précises concernant l'emballage et le marquage suivront.

Genaue Anweisungen bezüglich Verpackung und Beschriftung / Markierung / folgen.

Nous vous passons cette commande conformément à nos conditions générales.

Die Bestellung wird auf Grund unserer allgemeinen Geschäftsbedingungen erteilt.

c. Formules finales

Espérant que vous exécuterez cette commande avec la promptitude habituelle, nous vous prions d'agréer ...

Wir hoffen, dass Sie diesen Auftrag mit der gewohnten Pünktlichkeit erledigen werden.

Nous vous serions reconnaissants de bien vouloir strictement respecter / observer nos instructions.

Für genaue Beachtung unserer Anweisungen wären wir Ihnen dankbar.

Si cette première commande est exécutée à notre satisfaction, nous sommes disposés à vous passer un ordre permanent.

Bei zufriedenstellender Abwicklung dieses Geschäfts sind wir bereit, einen Dauerauftrag zu erteilen.

d. Annulation d'une commande

Nous regrettons de devoir annuler / révoquer notre commande du ...	Wir bedauern, unsere Bestellung vom ... widerrufen zu müssen.
Veuillez annuler notre commande portant sur ... et nous envoyer en échange ...	Bitte stornieren / streichen Sie unsere Bestellung über ... und senden Sie uns stattdessen ...
Étant donné que l'acheteur de ces marchandises a résilié le contrat, nous nous voyons obligés d'annuler notre commande.	Da der Käufer dieser Waren vom Vertrag zurückgetreten ist, bleibt uns keine andere Wahl, als unsere Bestellung zu widerrufen.
Nous venons d'apprendre que la maison à laquelle ces marchandises étaient destinées a fait faillite.	Wir haben soeben erfahren, dass die Firma, für die diese Waren bestimmt waren, in Konkurs gegangen ist / geraten ist.
Nous espérons pouvoir vous passer bientôt une autre commande en compensation des ennuis que nous vous avons causés.	Wir hoffen, dass wir Sie bald durch Erteilung eines anderen Auftrags für die Ihnen entstandenen Unannehmlichkeiten entschädigen können.

e. Refus de l'offre – Contrepropositions

Malheureusement, nous ne pouvons pour le moment retenir votre offre.	Leider können wir z.Z. von Ihrem Angebot keinen Gebrauch machen.
Vos prix étant trop élevés, nous ne pouvons pas tenir compte de votre offre / prendre votre offre en considération.	Da Ihre Preise zu hoch sind, können wir Ihr Angebot nicht berücksichtigen.
Nous avons pu obtenir les marchandises à un prix plus favorable.	Wir konnten die Waren zu einem günstigeren Preis bekommen.
Ces articles ne conviennent pas pour être vendus sur notre marché.	Diese Artikel eignen sich nicht für unseren Markt.
Nous avons un stock suffisamment grand.	Wir verfügen über ein ausreichend großes Lager.
Nous venons de compléter notre stock.	Wir haben unser Lager soeben aufgefüllt.
Nous ne pouvons attendre des chiffres d'affaires satisfaisants que si vous réduisez vos prix d'au moins 10%.	Wir können nur dann mit einem zufriedenstellenden Umsatz rechnen, wenn Sie Ihre Preise um mindestens 10% senken.
Si vous pouvez nous accorder une remise de 15% sur votre prix courant, nous sommes volontiers disposés à vous passer commande.	Wenn Sie uns einen Nachlass von 15% auf Ihre Listenpreise gewähren können, erteilen wir Ihnen gerne einen Auftrag.

Nous ne sommes pas à même de conclure des marchés aux conditions que vous proposez.

Zu den von Ihnen vorgeschlagenen Bedingungen können wir keine Geschäfte abschließen.

Nous avons besoin d'un délai de paiement d'au moins 30 jours.

Wir müssen mindestens 30 Tage Ziel beanspruchen.

4. Exercices

Traduisez les lettres suivantes:

a. Weidemann & Co., Köln, an Ets Martin, Paris

Wir haben Ihr Angebot vom 18. 6. erhalten und danken Ihnen für die uns als Postpaket übersandten Muster.
Da die Qualität der Muster unseren Erwartungen entspricht, bestellen wir auf Grund der in Ihrem Angebot genannten Preise und Bedingungen:
1. .....
2. .....
3. .....
Bitte achten Sie darauf, dass nur mustergetreue Ware geliefert wird.
Wir benötigen die Waren dringend und müssen daher auf Lieferung innerhalb der von Ihnen genannten Frist von 4 Wochen bestehen. Zahlung erfolgt innerhalb von 10 Tagen nach Eingang Ihrer Rechnung durch Überweisung auf Ihr Konto bei der Banque Nationale pour le Commerce et l'Industrie (B.N.C.I.).
Da wir laufend Bedarf an diesen Waren haben, sind wir bereit, Ihnen weitere Aufträge zu erteilen, wenn die erste Lieferung zu unserer Zufriedenheit ausfällt.

b. Spinnerei AG, Rheydt, an Coopérative lainière, Ajaccio, Korsika

Wir danken Ihnen für Ihr Angebot über Wolle sowie für die Zusendung von Mustern, die wir sorgfältig geprüft haben. Da wir uns bei dieser Prüfung davon überzeugt haben, dass die Wolle von guter Qualität ist, faxten wir Ihnen heute Morgen wie folgt:

- BESTELLEN 100 BALLEN WOLLE
- QUALITÄT A LAUT ANGEBOT
- LIEFERUNG ANFANG MAI

Als Anlage zu diesem Schreiben senden wir Ihnen unsere Bestellung Nr. 267/66.
Wir weisen ausdrücklich darauf hin, dass die Lieferung pünktlich erfolgen muss, da sonst Gefahr besteht, dass eine Stockung in unserer Produktion eintritt. Für die Folgen einer Lieferverzögerung müssten wir Sie haftbar machen.
Bei zufriedenstellender Abwicklung dieses Auftrags könnten sich weitere Geschäftsmöglichkeiten ergeben.
Anlage

c. Maschinen-Import-GmbH, Stuttgart, an Ets PROMACEM S.A., Clermont-Ferrand, Frankreich

Wir faxten Ihnen heute Morgen wie folgt:

- WIDERRUFEN BESTELLUNG
- PRÄZISIONSDREHBANK
- MODELL HL V
- BRIEF FOLGT

Es tut uns Leid, dass wir Sie bitten müssen, den Auftrag zu streichen. Unser Kunde ist nicht in der Lage, die Präzisionsdrehbank

(tour de précision) abzunehmen, da die Werkshalle, in der sie aufgestellt werden sollte, letzte Woche abgebrannt ist.
Wir hoffen, Ihnen in nächster Zeit einen anderen Auftrag übermitteln zu können.

Rédigez des lettres en français d'après les indications suivantes:

d. Die Firma Müller & Co. in München hat von der Fa. Artisse & Cie, Paris, ein Angebot erhalten und bestellt zur Probe folgende Werkzeuge:

1 Lötkolben *(fer à souder)* Nr. 18, 1 Schleifmaschine *(rectifieuse)* Nr. 377, 1 Bandsäge *(scie à ruban)* Nr. G 79, 1 Laubsägekasten *(boîte à outils de chantournage)* Nr. G 83.
Lieferung so bald wie möglich. Zahlung erfolgt nach Erhalt der Sendung durch Bankscheck.
Müller & Co. weisen darauf hin, dass eine beträchtliche Nachfrage nach Werkzeugen besteht. Wenn die Qualität der bestellten Geräte ihren Anforderungen entspricht, werden sie einen größeren Auftrag erteilen.

e. Die Firma Feinkost Hauser in Stuttgart hat vor 10 Tagen bei den Conserveries Municipales de Marseille 100 Dosen Sardinen bestellt.

Heute schreibt Hauser an die Conserveries Municipales de Marseille und bittet diese Firma, der Sendung, wenn möglich, auch noch 50 Dosen Thunfisch Nr. 527 beizufügen, deren Preis laut Angebot ... Franc je Dose beträgt. Wenn diese Sorte z.Z. nicht verfügbar ist, wolle die Firma Conserveries Municipales de Marseille umgehend mitteilen, wann mit der Lieferung gerechnet werden kann. Auf jeden Fall soll sie aber die 100 Dosen Sardinen innerhalb der vereinbarten Zeit liefern.
Hauser bittet die Conserveries Municipales de Marseille bei dieser Gelegenheit auch um ein Angebot über Anschovis in Öl der Qualität A.

f. Müller & Co. in München senden der Firma Herbez & Fils in Lausanne (Schweiz), von der sie bereits früher Uhren bezogen haben, Bestellung Nr. 683. Die auf dem Bestellformular angegebenen Bestellnummern und Preise haben Müller & Co. dem letztjährigen Katalog von Herbez & Fils entnommen. Sollten sich die Preise inzwischen geändert haben, so bitten Müller & Co. um sofortige Benachrichtigung.

g. Hamm & Co. KG, München, bedankt sich bei der CETARO S.A., Paris, für ihr Angebot vom 25. 7. über die Sonderanfertigung einer automatischen Fräsmaschine *(fraiseuse automatique)*.
Die Münchner Firma ist mit den Bedingungen des Angebots einverstanden, nur dürfte die Lieferzeit – die französische Firma nannte 8–10 Monate – einige Schwierigkeiten bereiten, da die Maschine unbedingt bis März des nächsten Jahres zur Verfügung stehen muss. Wenn die französische Firma die rechtzeitige Lieferung der Maschine verbindlich zusagen kann, ist die Hamm & Co. KG gerne bereit, ihr den Auftrag zu erteilen.
Die CETARO soll daher sofort mitteilen, ob sie diesen Termin einhalten kann.

h. Braun & Co. in Schweinfurt bestellten vor 1½ Monaten lt. Auftrag Nr. A/3002 ein elektronisches Kugellager-Prüfgerät *(machine électronique à contrôler les roulements à billes)* bei der Société Bordelaise de Paliers (S.B.P.), Bordeaux.
Sie wenden sich heute erneut an diese Firma und fragen an, wann sie mit der Lieferung dieses Geräts rechnen können.

i. Breuermann & Co., eine Kaffee-Importfirma in Bremen, haben von den Ets Cuvier, Cayenne (Französisch-Guyana), ein Angebot über brasilianischen Kaffee erhalten. Da sie soeben eine größere Menge eines ähnlichen Kaffees gekauft haben, können sie von dem Angebot zur Zeit keinen Gebrauch machen. Bei künftigem Bedarf werden sie jedoch auch Angebote der Ets Cuvier einholen.

Accusés de réception de commande

1. Introduction

Lorsqu'un fournisseur reçoit une commande (un ordre), il l'examine à fond pour déterminer s'il peut l'accepter en tous points. S'il accepte la commande sans réserves, il n'est pas obligé d'en accuser réception; mais dans la plupart des cas, il adressera, pour la bonne forme, un accusé de réception de la commande au client.

Dans certains cas cependant, l'accusé de réception est de rigueur:

- Si le client a oublié un détail nécessaire à l'exécution de la commande, le fournisseur accusera réception, tout en demandant au client de lui donner le détail manquant.
- Si la commande ne peut être exécutée sans réserves, le fournisseur en informera immédiatement le client qui pourra soit accepter les modifications, soit annuler sa commande.
- Si le fournisseur ne peut pas livrer les articles commandés, il essaiera, par une contreproposition, d'intéresser le client à des produits semblables.
- Si le fournisseur n'est pas du tout en mesure d'exécuter la commande, il en avisera tout de suite le client, tout en expliquant les raisons du refus.
- Si la commande n'est exécutée qu'au bout d'un certain délai, le fournisseur en accusera également réception.

L'accusé de réception contient en général:

- une formule de remerciement pour la commande,
- les détails des marchandises commandées,
- le mode de paiement et
- le délai de livraison.

L'accusé de réception d'une commande peut être donné sous forme d'une lettre ou sur un formulaire imprimé. Souvent, les liasses des bons de commande comprennent une copie conçue sous forme d'accusé de réception qui est signé par le fournisseur et renvoyé à l'acheteur.

2. Lettres modèles

a. Accusé de réception d'une commande

Monsieur,

Nous vous remercions de votre commande n° 3720 du 13 août que nous exécuterons avec le plus grand soin.
Toujours à votre disposition, nous vous prions d'agréer, Monsieur, l'expression de nos sentiments distingués.

b. Accusé de réception d'un bon de commande

Messieurs,

Nous accusons réception de votre bon de commande n° 727 en triple exemplaire et vous en remercions.
Comme vous le désirez, nous vous renvoyons la copie rose que nous avons signée à titre d'accusé de réception.
Veuillez agréer, Messieurs, nos salutations distinguées.
P.J.

c. Accusé de réception d'une commande

Messieurs,

Nous vous remercions de votre ordre Pf/ro n° 882 qui nous est parvenu seulement le 3 juillet.
Comme vous le désirez, nous exécuterons cette commande avant le début des congés annuels, bien qu'en général nous ayons besoin d'un délai de livraison d'au moins huit semaines.
Espérant que vous pourrez prévoir, à l'avenir, un délai de livraison plus long, nous vous prions de croire, Messieurs, à l'expression de nos sentiments distingués.

d. Réponse à l'annulation d'une commande

Messieurs,

En réponse à votre téléfax, nous vous informons que nous sommes tout à fait d'accord pour annuler purement et simplement la commande citée en référence.
Espérant néanmoins être favorisés de vos ordres dans l'avenir, nous vous prions d'agréer, Messieurs, nos salutations distinguées.

e. Accusé de réception d'une commande et avis d'expédition

Céramique **CEPOC** *Porcelaine*

Saint-Étienne

S.A.R.L. au capital de 400 000 F

Adresse postale:
Monsieur le Directeur de
CEPOC
5, place de la Victoire
42000 Saint-Étienne

Tél.: 42. 40. 30. 56
Télex: 22.713 Sté-poc
Télécopie: 42. 40. 20. 21
C.C.P. Saint-Étienne 39-15

R.C.S. Saint-Étienne B 336 521 153

Madame ALBERT
17, rue de l'Étoile
75017 Paris

Saint-Étienne, le 4 octobre 19..

Madame,

Nous vous remercions de votre commande n° 537 et vous expédions ce jour-même par avion les articles commandés.

Comme vous le demandez, nous vous accordons les prix préférentiels suivants:

pièce n° 36.93.74: 12,50 F
pièce n° 36.93.76: 13,50 F

Toujours dévoués à vos ordres, nous vous prions d'agréer, Madame, nos salutations respectueuses.

Le Gérant

P. MERLIN

f. Accusé de réception de commande imprimé

Céramique CEPOC Porcelaine

Saint-Étienne

S.A.R.L. au capital de 400 000 F

Adresse postale:

Monsieur le Directeur de
CEPOC
5, place de la Victoire
42000 Saint-Étienne

Tél.: 42. 40. 30. 56
Télex: 22.713 Sté-poc
Télécopie: 42. 40. 20. 21
C.C.P. Saint-Étienne 39-15

R.C.S. Saint-Étienne B 336 521 153

Saint-Étienne, le

Messieurs,

Nous vous remercions de votre commande du … n° … que nous enregistrons aux conditions générales de notre prix courant ci-joint.

Nous espérons que notre livraison vous donnera satisfaction et dans cette attente, nous vous prions de croire, Messieurs, à l'assurance de nos sentiments dévoués.

Le Gérant

P. Merlin

P.J.

**COMITÉ DÉPARTEMENTAL
DU TOURISME DE L'ARDÈCHE**

8, rue Cours du Palais
B.P. 221
07002 PRIVAS CEDEX

Tél. 75 64 04 66

Privas, le 13 novembre 19..

Madame,
Monsieur,

En réponse à votre demande d'information, nous avons le plaisir de vous transmettre sous ce pli, la documentation que vous souhaitiez recevoir.

À cet effet, veuillez avoir l'obligeance de nous faire parvenir un chèque bancaire ou postal d'un montant de 30,00 F (participation aux frais d'envoi), libellé à l'ordre du Comité du Tourisme.

Nous vous remercions d'avance et vous prions de croire, Madame, Monsieur, à l'assurance de nos sentiments les meilleurs.

Le Service Documentation

P.J.

h. Demande d'un détail oublié dans l'ordre

Messieurs,

Nous avons bien reçu votre ordre KDf/ra/mb n° 378 et vous en remercions vivement. Vous avez oublié de nous indiquer si le moteur d'échange standard doit être équipé d'une dynamo ou d'un alternateur. Nos clients préfèrent en général l'alternateur, parce qu'il possède une longévité accrue si le véhicule est utilisé dans des conditions normales.
Quant au prix, celui de l'alternateur est supérieur de 370 F à celui de la dynamo.
Veuillez nous indiquer par retour du courrier lequel des deux appareils nous devons monter sur le moteur. La commande sera alors exécutée dès réception de ce renseignement.
Toujours dévoués à vos ordres, nous vous prions de croire, Messieurs, à l'assurance de nos sentiments les meilleurs.

i. La commande ne peut pas être exécutée aux prix indiqués

Messieurs,

Nous avons bien reçu votre commande du 15 janvier.
Nous sommes au regret de vous informer que le tarif auquel vous vous référez n'est plus valable. Nous avons dû majorer nos prix à la suite de l'augmentation des salaires intervenue au mois de mai.
Nous vous adressons ci-joint notre nouveau tarif valable jusqu'à nouvel ordre.
Veuillez nous faire savoir si vous êtes d'accord pour que nous exécutions votre ordre aux nouveaux prix.
Espérant vous lire bientôt, nous vous présentons, Messieurs, nos salutations empressées.
P.J.

j. La commande est transmise à un représentant

Messieurs,

Nous avons le plaisir de vous informer que depuis le 1er janvier de cette année nous avons un représentant permanent et exclusif pour l'Allemagne; il s'agit de M. Rainer Herscher, Kirchgasse 27/II, 48624 Bielefeld.
Nous avons donc transmis votre commande Et/pl du 23 février pour suite à donner à notre représentant allemand qui se mettra immédiatement en rapport avec votre Service Achats.

Espérant qu'une collaboration étroite et satisfaisante s'établira entre notre représentant allemand et votre société, nous vous prions de croire, Messieurs, à l'expression de nos sentiments dévoués.

3. Phraséologie

a. Accusé de réception de la commande

Nous vous remercions de votre commande/ordre et nous la/le confirmons comme suit: ...	Wir danken für Ihren Auftrag, den wir wie folgt bestätigen: ...
..., que nous exécuterons à votre entière satisfaction.	... den wir zu Ihrer vollen Zufriedenheit ausführen werden.
Nous avons déjà commencé à exécuter votre commande et ferons tout notre possible pour que les marchandises soient prêtes d'ici la fin de la semaine prochaine/d'ici fin mai.	Wir haben mit der Ausführung Ihres Auftrags bereits begonnen und werden uns bemühen, die Waren bis Ende der nächsten Woche/bis Ende Mai fertig zu stellen.
Nous ferons de notre mieux pour accélérer l'exécution de votre commande.	Wir werden uns nach Kräften bemühen, die Fertigstellung Ihres Auftrags zu beschleunigen.
Nous informerons votre transporteur dès que l'envoi sera prêt à être enlevé.	Wir werden Ihren Spediteur benachrichtigen, sobald die Sendung abholbereit ist.
Nous vous assurons/donnons l'assurance que nous respecterons strictement vos instructions.	Wir versichern Ihnen, dass wir Ihre Anweisungen genau beachten werden.
Nous exécuterons votre ordre avec un soin particulier.	Wir werden der Ausführung Ihres Auftrags besondere Sorgfalt widmen.
Nous espérons que cette première commande en entraînera d'autres.	Wir hoffen, dass dieser Erstauftrag zu weiteren Geschäften führen wird.
... ne sera que le début de relations durables et satisfaisantes pour les deux partenaires.	... der Anfang einer dauerhaften und für beide Teile zufriedenstellenden Geschäftsverbindung ist.
Toujours à votre service, nous vous prions d'agréer, Messieurs, ...	Wir halten uns stets zu Ihren Diensten ...

b. Refus de commandes – Contrepropositions

Malheureusement, nous ne sommes pas en mesure/à même de livrer les marchandises commandées.	Leider sind wir nicht in der Lage, die bestellten Waren zu liefern.
Vous comprendrez certainement que, dans ces conditions, nous ne pouvons pas accepter votre commande.	Sie werden sicher verstehen, dass wir unter diesen Umständen Ihre Bestellung nicht annehmen können.
Nous ne sommes pas à même d'exécuter la commande aux prix que vous indiquez.	Wir können den Auftrag zu den von Ihnen angegebenen Preisen nicht ausführen.
Nous ne pouvons pas livrer nos scooters directement et vous prions par conséquent de bien vouloir vous adresser à la maison ..., notre concessionnaire pour votre région.	Wir können unsere Motorroller nicht direkt liefern und verweisen Sie daher an unseren für Ihr Gebiet zuständigen Vertragshändler, die Firma ...
Nous avons transmis votre commande à notre représentant.	Wir haben Ihre Bestellung an unsere Vertretung weitergegeben.
Nous ne vendons plus cet article.	Wir führen diesen Artikel nicht mehr.
Ces tailles ne sont plus disponibles/livrables.	Diese Größen sind nicht mehr vorrätig/lieferbar.
Notre stock est épuisé.	Unser Lager ist geräumt/geleert/erschöpft.
Nous ne pouvons livrer que dans 3 semaines.	Wir können erst in 3 Wochen liefern.
Une nouvelle livraison n'arrivera que dans ... jours/que le .../pas avant le ...	Eine neue Lieferung wird erst in ... Tagen/erst am .../nicht vor ... erwartet.
Sauf avis contraire, nous effectuerons la livraison dès réception d'un nouvel envoi.	Wenn Sie uns keine gegenteiligen Weisungen erteilen, erfolgt die Lieferung, sobald wir eine neue Sendung erhalten.
Au lieu de l'article n° 223, nous pourrions livrer les articles n° 226 ou 228 dont la qualité est très voisine de celle du n° 223.	Anstelle von Artikel Nr. 223 könnten wir Artikel 226 oder 228 liefern, die dem Artikel Nr. 223 in der Qualität sehr ähnlich sind.
Si vous portez votre ordre à ..., nous sommes disposés à vous livrer le tissu au prix désiré.	Wenn Sie Ihre Bestellung auf ... erhöhen, liefern wir Ihnen gern den Stoff zum gewünschten Preis.
Les prix indiqués dans votre ordre correspondent à notre prix courant BR 17 du 1er janvier 19.., remplacé entre-temps par le prix courant BR 18.	Die in Ihrer Bestellung genannten Preise sind unserer Preisliste BR 17 vom 1. Januar 19.. entnommen, die in der Zwischenzeit durch die Preisliste BR 18 ersetzt worden ist.

4. Exercices

Traduisez les lettres suivantes:

a. Gerhard & Co., Offenbach, an Monsieur Jérémie, Port-au-Prince (Haïti)

Wir danken Ihnen für Ihren Probeauftrag vom 6. 6. und legen unsere Auftragsbestätigung Nr. E-73651 bei.
In Ihrem Auftrag ist die Versandart nicht erwähnt. Soll die Ware auf dem Seeweg oder per Luftfracht versandt werden?
Da die Verladung gegebenenfalls mit MS „Barbara" erfolgen könnte, das am 20. 6. aus Hamburg ausläuft, bitten wir Sie, uns per Telegramm oder Telefax zu informieren.

Anlage

b. Primus Werke AG, Erlangen, an Gillotte & Cie, Paris

Wir danken Ihnen für Ihren Auftrag, den wir zusammen mit Ihrem Schreiben vom 8. 5. erhielten.
Als Anlage senden wir Ihnen einen von uns unterzeichneten Liefervertrag in doppelter Ausfertigung und bitten Sie, ein Exemplar mit Ihrer Unterschrift zu versehen und an uns zurückzusenden. Ihre Anweisungen bezüglich Verpackung und Versand werden wir genau befolgen.
Obwohl wir zur Zeit mit Aufträgen überhäuft sind, werden wir unser Möglichstes tun, die Waren bis Anfang Juni zum Versand bereitzustellen.

Anlage: Liefervertrag

c. Tankbau AG, Karlsruhe, an Compagnie Libanaise d'Exportation, Beirut

Ihre Bestellung Nr. 4119
Wir danken Ihnen für den uns mit Ihrem Schreiben vom 4. 5. übermittelten Auftrag, den wir unter Zugrundelegung unserer umstehenden Bedingungen gebucht haben.
Um prompte und sorgfältige Erledigung Ihres Auftrages werden wir uns bemühen.
Mit freundlichen Grüßen
Tankbau AG

Unsere Kommissions-Nr. 538/921
10 Stück Zweitakt-Gemischsäulen *(distributeurs de mélange deux temps)*
Mischungsverhältnisse 1:12, 1:20, 1:25 und 1:40,
genau wie Kommissions-Nr. 538/827
DM ... per Stück
CIF Beirut
Lieferzeit: September/Oktober
Zahlung: Kasse gegen Dokumente bei einer Bank in Beirut
Provision: 10% auf den FOB-Preis

d. Hammer & Söhne, Osnabrück, an M. Perrin, Caen

Besten Dank für Ihren Auftrag vom 27. 5. Leider müssen wir Ihnen mitteilen, dass die von Ihnen gewünschte Qualität ausgegangen ist und wahrscheinlich erst wieder in ca. 2 Monaten lieferbar sein wird. Wir möchten deshalb anfragen, ob Ihnen eventuell mit einer ähnlichen Qualität, z. B. Nr. 866 auf S. 14 unseres Katalogs, gedient wäre. Sollte dies der Fall sein, so bitten wir Sie, uns umgehend Bescheid zu geben.

e. Huber & Co., Fürth, an Ets Lafitte, Paris

Wir sind im Besitz Ihres Schreibens vom 8. 11., in welchem Sie um einen weiteren Nachlass von 10% auf die Preise unseres Angebots vom 18. 10. bitten.
Nachdem wir unsere Preise nochmals

überprüft haben, müssen wir Ihnen zu unserem Bedauern mitteilen, dass es uns nicht möglich ist, Ihnen weitere Rabatte zu gewähren. Wenn Sie unsere Erzeugnisse mit anderen Fabrikaten vergleichen, werden Sie feststellen, dass unsere Waren in Anbetracht ihrer hohen Qualität sehr preisgünstig sind. Eine Reduzierung unserer Preise wäre nur bei einer Qualitätsverschlechterung möglich, die aber sicher nicht im Sinne unserer Kunden wäre.
Wir würden uns freuen, Ihren Auftrag zu erhalten und erwarten Ihre baldige Antwort.

Rédigez des lettres en français d'après les indications suivantes:

f. Die Maschinenfabrik Maier & Co. in Nürnberg hat von der Fa. Alnec in Paris einen Auftrag über eine automatische Drehbank erhalten, die nach Angaben des Bestellers angefertigt werden soll.
Die Maschinenfabrik bestätigt den Eingang dieses Auftrags und weist darauf hin, dass – wie bereits in ihrem Angebot erwähnt – die Lieferzeit bei Sonderanfertigungen mindestens 5–7 Monate beträgt. Da die Drehbank jedoch sehr dringend benötigt wird, ist die Maschinenfabrik bereit, den Auftrag der Fa. Alnec als vorrangig zu behandeln. Sie hofft, dass die Drehbank bis zum 20. Mai versandbereit sein wird und verspricht, die französische Firma sofort nach Fertigstellung zu benachrichtigen.

g. Auf der letzten Büromaschinenmesse in München besuchte M. Jean Brun von Baccilaqui & Cie, Paris, den Stand der Firma Müller & Co. Er unterhielt sich mit dem Verkaufsleiter dieser Firma, Herrn Hoyer, und bestellte 200 Diktiergeräte *(dictaphones)* XR 325.
Die Firma Müller bestätigt diesen Auftrag in einem Schreiben an Baccilaqui & Cie. Die Geräte sind voraussichtlich in ca. 3 Wochen versandfertig. Die Lieferung erfolgt wunschgemäß geliefert französische Grenze. Da M. Brun in seinem Gespräch mit Herrn Hoyer auch die Frage der Alleinvertretung anschnitt, stellt die Fa. Müller fest, sie sei grundsätzlich bereit, Baccilaqui & Cie ihre Vertretung zu übertragen. Zunächst wäre jedoch zu klären, ob Baccilaqui & Cie auf Provisionsbasis oder für eigene Rechnung tätig sein möchten.

h. Die Werkzeugmaschinenfabrik Gießen AG hat der Fa. SAVAMAT in Antananarivo (Madagaskar) am 29. 7. ein Angebot über zwei Hochleistungsfräsmaschinen *(fraiseuses de puissance élevée)* Typ S 900 unterbreitet, das von letzterer per Telefax am 11. 8. angenommen wurde.
Nach Eingang des Telefax sendet die Werkzeugmaschinenfabrik der madagassischen Firma eine Bestätigung des Vertragsabschlusses. In dieser Bestätigung bezieht sie sich auf ihr Angebot und die Annahme per Fax durch den Käufer, nennt die zu liefernden Maschinen und wiederholt die für die Lieferung vereinbarten Bedingungen.
Diese lauten:
Preis: DM ... je Maschine CIF Antananarivo.
Zahlungsbedingungen: 90% des Rechnungsbetrages durch unwiderrufliches Akkreditiv gegen Vorlage der Versanddokumente, die restlichen 10% innerhalb 2 Monaten nach Ankunft der Maschinen in Antananarivo.

Verpackung: Die Maschinen werden wasserdicht verpackt und in Holzverschlägen mit Bandeisensicherung versandt.
Versicherung: Die Versicherung wird bei der Allianz Versicherungs-AG gegen alle Gefahren von Haus zu Haus abgeschlossen.
Lieferung: Februar/März 19.. mit direktem Frachter.

Die Werkzeugmaschinenfabrik erklärt in einer angefügten Klausel, dass sie in Fällen höherer Gewalt keine Haftung für Lieferungsverzögerungen bzw. Nichtlieferung übernimmt. Eventuelle Streitigkeiten zwischen den Vertragspartnern sollen nach der Vergleichs- und Schiedsgerichtsordnung der Internationalen Handelskammer entschieden werden.

Correspondance concernant la livraison

Avis d'expédition – Factures – Relevés (extraits) de compte – Avis de débit et de crédit

1. Introduction

Avis d'expédition. Si l'acheteur n'organise pas lui-même le transport des articles qu'il a commandés, le fournisseur fait expédier les marchandises dûment emballées par le moyen de transport convenu. Il en informe le client par un avis d'expédition qui contiendra en général:
- la date et l'objet de la commande,
- la date d'expédition,
- le mode d'expédition et
- le marquage des colis ou caisses.

Factures. La facture est presque toujours établie sur un formulaire imprimé avec en-tête du fournisseur.
La facture contient en général les indications suivantes:
- la date et le numéro de la commande,
- la quantité et la spécification des marchandises,
- le marquage des colis ou caisses,
- le prix unitaire, les frais additionnels, les déductions et remises, et le prix total,
- le délai de paiement,
- le mode d'expédition, etc.

Outre la facture commerciale décrite ci-dessus, il existe, surtout dans le commerce extérieur, la facture consulaire, la facture pro forma (*ou:* proforma) et la facture douanière.
La facture consulaire est un document d'expédition qui est visé au départ par le consulat du pays destinataire. Elle est établie pour être présentée, à titre de certificat d'origine, à la douane du pays destinataire.
La facture pro forma est établie par le vendeur si le client doit payer à l'avance, ou pour permettre à ce dernier de demander une licence d'importation aux autorités compétentes ou bien d'ouvrir un crédit documentaire auprès de sa banque. Quelquefois, elle fait simplement effet de devis.

La facture douanière est un document que la douane de certains pays demande à l'occasion de l'importation de marchandises. La facture douanière sert de base à la fixation des droits de douane. Elle contient, outre les détails mentionnés dans la facture commerciale et l'indication du prix à l'exportation, la mention de la valeur des marchandises dans le pays exportateur et le nom du pays d'origine.

Relevés (extraits) de compte. Les clients ayant un compte chez le fournisseur reçoivent, à intervalles réguliers, des relevés (extraits) de compte. Ceux-ci contiennent toutes les écritures passées pendant la période concernée. Ils permettent aux acheteurs de comparer leurs livres à ceux du fournisseur. Ces documents constituent souvent la base d'un règlement.

Avis de débit et de crédit. Des avis de débit et de crédit sont échangés entre deux maisons pour compenser des erreurs de facturation et des renvois de marchandises ou d'emballages consignés.

2. Lettres modèles

a. Avis d'expédition

Messieurs,

Nous avons exécuté votre commande et nous vous informons que nous remettons ce jour au transporteur MESSAGERIES NATIONALES WALBAUM, 112, rue de Maupassant, 94600 Choisy-le-Roi, 4 caisses d'un poids brut de 15 kilos contenant 616 boutons-poussoirs n° 7432895.
D'autre part, nous vous adressons ci-joint, en double exemplaire, notre facture n° 87 de 9290 F ainsi que notre bordereau de livraison n° 3450.
Nous vous souhaitons bonne réception de la marchandise et vous prions d'agréer, Messieurs, nos salutations distinguées.
P.J.

b. La marchandise n'a pu être expédiée par le moyen de transport prévu

Messieurs,

Suite à notre expédition du 13 avril, nous vous informons que nous n'avons pas pu envoyer ces marchandises par avion, comme prévu, pour cause d'arrêt de travail dans les aéroports.
En conséquence, nous avons fait partir ces pièces par exprès par les MESSAGERIES NATIONALES WALBAUM. Si vous le désirez, nous vous enverrons la même quantité par avion, aussitôt la grève terminée, ce qui correspondra à votre commande 8643.
Dans l'attente de votre réponse, nous vous prions de croire, Messieurs, à l'expression de nos sentiments distingués.

c. Avis d'expédition

Messieurs,

À l'occasion de notre visite du chantier «Staustufe Jochenstein», le 11 août, le chef du chantier, M. Hanert, nous a demandé de lui faire parvenir un jeu de pistons de rechange pour notre moteur stationnaire.
Entre-temps, nous avons expédié, par fret aérien, à l'attention de M. Hanert:

1 jeu de 8 pistons moteur R 0026	8 axes de piston
24 segments de compression	8 bagues

Espérant avoir donné satisfaction à M. Hanert, nous vous prions d'agréer, Messieurs, nos salutations distinguées.

d. Formulaire de facture

IG

IMPRIMERIE GELBARD

REVUES
JOURNAUX
CATALOGUES
TRAVAUX DE VILLE
TRAVAUX DE LUXE EN COULEURS
LANGUES
ÉTRANGÈRES

20, rue Ferdinand Duval
75004 Paris
(1) 27 29 95 95 & 27 29 96 96

PARIS, LE

FACTURE N°

En cas d'escompte pour paiement comptant celui-ci sera déduit de notre chiffre d'affaires taxable. Le montant de la T.V.A. déductible par vous doit être diminué du montant de cette afférente à l'escompte.

Nos marchandises voyagent aux risques et périls du destinataire. Toutes réclamations doivent être faites dans les 4 jours qui suivent la réception de la marchandise. Nos traites ne font pas dérogation du lieu de paiement qui est Paris. Pour toutes contestations, le Tribunal de la Seine est seul compétent.

R.C.S. Paris A 621 005 495 APE 5110

C.C.P. Paris 7458 73 M

e. Formulaire de facture

FRANCAM

siège social: 8, quai Galliéni
92000 SURESNES

véhicules industriels
cars - autobus

société anonyme de véhicules industriels et d'équipements mécaniques FRANCAM au capital de 133 190 000 F

R.C.S. PARIS B 783 940 524
Tél.: 47 29 33 55
Boîte postale 2-36
Télécopie: 47 72 30 25
Télex 27 986 FRAN-SUREN
SIRET 261 928 781 00516

DZ-COMPTE

N.B. EN CAS DE RÉCLAMATION prière d'indiquer le N° de Facture,sa date et les numéros de plaque.

F A C T U R E

NUMÉRO du DATE

Éch	N° ORDRE	N° PLAQUE	TYPE		TARIF	RÉDUCTION	T.V.A.	C T.	PRIX NET H.T.

Nos marchandises sont livrables en nos usines. Elles voyagent aux risques et périls du destinataire et sont payables au siège de la Société. Pour toute contestation, les tribunaux dont dépend le siège de notre Société sont seuls compétents. L'acceptation de règlement n'opère ni novation, ni dérogation à cette clause. Prix établis conformément à l'arrêté n° 25.205 du 8 juillet 1966.

C.C.P. PARIS 151-64

f. Avoir (Avis de crédit)

IG IMPRIMERIE GELBARD

20, rue Ferdinand Duval
75004 Paris
(1) 27 29 95 95 & 27 29 96 96

REVUES
JOURNAUX
CATALOGUES
TRAVAUX DE VILLE
TRAVAUX DE LUXE EN COULEURS
LANGUES
ÉTRANGÈRES

PARIS, LE

AVOIR N°

En cas d'escompte pour paiement comptant celui-ci sera déduit de notre chiffre d'affaires taxable. Le montant de la T.V.A. déductible par vous doit être diminué du montant de cette afférente à l'escompte.

Nos marchandises voyagent aux risques et périls du destinataire. Toutes réclamations doivent être faites dans les 4 jours qui suivent la réception de la marchandise. Nos traites ne font pas dérogation du lieu de paiement qui est Paris. Pour toutes contestations, le Tribunal de la Seine est seul compétent.

R.C.S. Paris A 621 005 495 APE 5110

C.C.P. Paris 7458 73 M

g. Doit (Avis de débit, facture de débit)

FRANCAM

véhicules industriels
cars - autobus

siège social: 8, quai Galliéni
92000 SURESNES

société anonyme de véhicules industriels et d'équipements mécaniques FRANCAM
au capital de 133 190 000 F

R.C.S. PARIS B 783 940 524
télécopie: 47 72 30 25
boîte postale 2-36
téléphone: 47 29 33 55
SIRET 261 928 781 00516

DOIT

N° DE COMMANDE	N° DE FACTURE
DATE DE FACTURE	COMPTE CLIENT N°

BORDEREAU N° À , le

QUANTITÉ	DÉSIGNATION	PRIX UNITAIRE	PRIX TOTAL	TOTAL

La commande correspondant à la présente facture est régie
1. pour les véhicules neufs, par nos conditions générales de vente et de garantie des véhicules neufs qui figurent sur les bons de commande.
2. pour les pièces de rechange, par nos conditions générales de vente des pièces de rechange qui figurent sur nos tarifs de pièces de rechange.

Prix établis conformément à l'arrêté n° 25205 du 8 juillet 1966

h. Extrait de compte

FRANCAM

véhicules industriels
cars - autobus

société anonyme de véhicules industriels et d'équipements mécaniques FRANCAM
au capital de 133 190 000 F

R.C.S. PARIS B 783 940 524
Tél.: 47 29 33 55
Boîte postale 2-36
Télécopie: 47 72 30 25
Télex 27 986 FRAN-SUREN
SIRET 261 928 781 00516

siège social: 8, quai Galliéni
92000 SURESNES

COMPTE	ADRESSE	PAGE

EXTRAIT de COMPTE ARRÊTÉ DU

DATE		LIBELLÉ	ÉCHÉANCE			DÉBIT*			CRÉDIT	
M	A		J	M	A					

← À gauche
EXTRAIT DE COMPTE vous donnant le détail du solde de notre compte en nos livres, à la date du présent arrêté:
Il comprend:
1°) Dans leur ordre chronologique, les écritures non soldées à cette date.
2°) Les écritures soldées depuis l'arrêté précédent. Ces écritures soldées sont signalées par impression du symbole * dans la colonne de rapprochement située entre les colonnes DÉBIT et CRÉDIT. Elles ne seront pas reportées sur notre prochain document.
Cet extrait ne tient compte NI des réglements reçus par nous postérieurement à la date d'arrêté, NI de ceux versés à titre d'acompte sur des livraisons non encore facturées à cette date.

* * *

À droite →
RELEVÉ reprenant à titre documentaire, parmi les écritures figurant sur l'extrait de compte de gauche, celles correspondant aux factures et avoirs établis au cours du mois se terminant à la date de l'arrêté. Son solde exprime notre chiffre d'affaires avec vous pour le mois considéré.

RELEVÉ des FACTURES DU MOIS

i. Le fournisseur a donné l'ordre d'expédition à un transporteur

Messieurs,

Nous venons de donner à la société C.A.N., Aubervilliers, l'ordre d'expédier les véhicules que vous nous avez commandés le 16 mai. Nous joignons à la présente copie de l'ordre d'expédition.
Vous souhaitant bonne réception des véhicules, nous vous prions de croire, Messieurs, à l'assurance de nos sentiments distingués.
P. J.

Copie de l'ordre d'expédition

ORDRE D'EXPÉDITION DE VÉHICULES

Nom et adresse du destinataire: Peter Lehne, Transportunternehmer
Rottenbucher Str. 55, 80829 München

Gare destinataire: München-Süd

Instructions d'expédition:
- FCA – Franco transporteur
- Le jour même du départ, nous faire parvenir un avis d'expédition et en adresser un exemplaire à M. Peter Lehne, Munich.
- Paiement contre remise du duplicata de la lettre de voiture dûment estampillée par la gare de départ.
- Pour permettre au destinataire de couvrir l'assurance le jour du départ, adresser un télex à M. Peter Lehne, Munich, en indiquant:
  le numéro du wagon,
  le poids brut total,
  la valeur totale.

A. Barton
Chef du Service Transports Internationaux

3. Phraséologie

a. Avis d'expédition

Nous vous informons que nous avons expédié ce jour les marchandises suivantes:	Wir teilen Ihnen mit, dass heute folgende Waren an Sie abgegangen sind:
Nous avons le plaisir de vous faire savoir que les marchandises objet de votre commande ont été expédiées ce matin – par chemin de fer / par le train – par camion – par avion / par fret aérien.	Wir freuen uns, Ihnen mitteilen zu können, dass die von Ihnen bestellten Waren heute Morgen – mit der Bahn – per Lkw – als Luftfracht versandt wurden.

La marchandise a été expédiée ce matin – en R.O. (régime ordinaire) – en R.A. (régime accéléré) – par exprès.	Die Ware wurde heute Morgen – als Stückgut – als Eilgut – als Expressgut versandt.
L'envoi a été embarqué sur le MS «Martha» qui quittera Le Havre le …	Die Sendung wurde mit MS „Martha" verschifft, das am … aus Le Havre ausläuft.
Le cargo «Louis-Philippe» arrivera probablement le … à Dakar.	Der Frachter „Louis-Philippe" soll am … in Dakar eintreffen.
Nous espérons que l'envoi vous parviendra en bon état.	Wir hoffen, dass die Sendung wohlbehalten / in gutem Zustand bei Ihnen ankommt.

b. Factures et demandes de paiement

Ci-joint, vous trouverez la facture en double / triple / quadruple / quintuple exemplaire.	Wir legen Rechnung in zweifacher / dreifacher / vierfacher / fünffacher Ausfertigung bei.
Ci-joint, vous trouverez copie de la facture. La facture originale et les autres documents vous seront remis par le Crédit Lyonnais au règlement de notre traite de …	Rechnungskopie liegt bei. Die Originalrechnung wird Ihnen zusammen mit den anderen Dokumenten vom Crédit Lyonnais bei Zahlung unserer Tratte über … ausgehändigt.
Nous vous prions de bien vouloir régler notre facture par chèque bancaire comme convenu.	Wir bitten um Zahlung des Rechnungsbetrages durch Bankscheck, wie vereinbart.
Veuillez régler la facture par virement à notre compte auprès de l'une des deux banques indiquées ci-dessous.	Wir bitten um Überweisung auf unser Konto bei einer der beiden nachstehend aufgeführten Banken.
Nous joignons une traite à 90 jours de vue et vous prions de nous la renvoyer après acceptation.	Wir legen einen 3 Monate nach Sicht fälligen Wechsel bei und bitten Sie, diesen nach Annahme zurückzusenden.

c. Mentions sur factures

Veuillez nous contacter au cas où les marchandises ne seraient pas délivrées dans les 15 jours suivant l'expédition, sinon le transporteur pourrait refuser les dommages-intérêts résultant d'une perte de l'envoi.	Bitte benachrichtigen Sie uns, wenn die Auslieferung der Waren nicht innerhalb von 14 Tagen nach Versanddatum erfolgt, da sonst der Frachtführer bei Verlust die Schadensersatzleistung verweigern könnte.
En cas d'escompte déduit à tort, nous reporterons la somme correspondante au débit de votre compte.	Bei unberechtigtem Skontoabzug erfolgt Rückbelastung.

Les cartons ne seront pas repris.	Pappkartons werden nicht zurückgenommen.
En cas de renvoi des barriques en port payé, nous vous créditerons du montant facturé à ce sujet.	Bei frachtfreier Rücksendung der Fässer wird der dafür in Rechnung gestellte Betrag gutgeschrieben.
Nous ne pouvons tenir compte de réclamations que si elles nous sont adressées dans les 8 jours suivant la réception de la marchandise.	Reklamationen finden nur innerhalb von 8 Tagen nach Empfang der Ware Berücksichtigung.
Il est confirmé par la présente que ces marchandises sont d'origine française.	Es wird hiermit bestätigt, dass diese Waren französischen Ursprungs sind.
Les marchandises voyagent aux risques et périls du destinataire.	Die Waren werden auf Kosten und Gefahr des Empfängers versandt.
En cas de contestation / litige / le tribunal de Lyon sera seul compétent.	Gerichtsstand: Lyon.

d. Emballages

la caisse (en bois)	die Holzkiste
la caisse à claire-voie	die Lattenkiste
le cageot	die Lattenkiste / die Steige
le carton	der Pappkarton
la caisse en contre-plaqué	die Sperrholzkiste
le sac	der Sack
le sac de papier	der Papiersack
le ballot	der Ballen
le tambour	der zylindrische Behälter
la barrique, le baril, le tonneau	das Fass
le barillet	das kleine Fass
la bonbonne	die Korbflasche / der Glasballon
la caisse garnie de papier huilé	die mit Ölpapier ausgelegte Kiste
la caisse doublée de fer blanc	die Kiste mit Blecheinsatz / mit Blech ausgelegte Kiste
la caisse doublée de zinc	die Kiste mit Zinkeinsatz / mit Zink ausgelegte Kiste
la caisse à cerclage métallique	die mit Metallband / Stahlband gesicherte Kiste

le bidon	der Kanister
le container / le conteneur	der Container
la palette	die Palette
le papier kraft / le papier d'emballage	das Packpapier
le carton ondulé	die Wellpappe
le papier ciré	das Wachspapier
la laine de bois	die Holzwolle
l'emballage perdu	die Einwegverpackung
l'emballage consigné	die Mehrwegverpackung

e. Quelques mentions fréquentes sur les caisses

FRAGILE	ZERBRECHLICH / VORSICHT GLAS
INFLAMMABLE	FEUERGEFÄHRLICH
POISON	GIFT
TENIR AU SEC	VOR NÄSSE SCHÜTZEN
CONSERVER AU FRAIS	KÜHL AUFBEWAHREN
PAS DE CROCHETS	KEINE HAKEN GEBRAUCHEN
HAUT	OBEN
BAS	UNTEN
SOULEVER ICI	HIER ANHEBEN
LIQUIDES – NE PAS RENVERSER	FLÜSSIGKEIT – NICHT STÜRZEN
OUVRIR ICI	HIER ÖFFNEN

f. Quelques symboles sur les caisses

4. Exercices

Traduisez les lettres suivantes:

a. Kurt Seidel OHG, München, an Dussac et Cie, Dakar (Senegal)

Wir beziehen uns auf Ihren Auftrag Nr. 6777 vom 3. 7. und freuen uns, Ihnen mitteilen zu können, dass die bestellten Waren mit MS „Cynthia" verschifft wurden, das morgen nach Dakar ausläuft.
In der Anlage senden wir Ihnen eine Abschrift unserer Rechnung, für deren Betrag wir auf Sie per 90 Tage Sicht gezogen haben. Den Wechsel und die Versanddokumente haben wir unserer Bank, der Dresdner Bank in München, übergeben und diese angewiesen, die Aushändigung der Dokumente nach Akzeptierung des Wechsels zu veranlassen.
Wir hoffen, dass dieses Geschäft zu Ihrer vollen Zufriedenheit durchgeführt wurde und würden uns freuen, bald weitere Aufträge von Ihnen zu erhalten.

Anlage

b. Landmaschinenwerk AG, Hof (Saale), an F. Özkök, Istanbul

Betr.: Ihr Auftrag Nr. C/2234 vom 18. Februar
Wir freuen uns, Ihnen mitteilen zu können, dass – wie Ihrem Vertreter, Herrn Maurer, anlässlich seines kürzlichen Besuchs zugesagt – eine weitere Teilsendung am 24. April mit MS „Michael" in Triest verladen wurde.
Für Ihre Akten erhalten Sie anbei je eine Kopie der Handelsrechnung Nr. 8179 und des Ursprungszeugnisses sowie eine nicht begebbare Kopie des Konnossements.
Der volle Satz Versanddokumente wurde unserer Hausbank zum Inkasso über die Akbank T.A.S., Succ. Bahçekapi, Istanbul-Bahçekapi, übergeben.

Anlagen

Rédigez des lettres en français d'après les indications suivantes:

c. Die Firma Johann Hauser in Aachen benachrichtigt die Fa. SONTAN S.A., Paris, dass die Sendung laut Auftrag Nr. B 433 heute der Bahn übergeben worden ist. Sie legt dem Schreiben ihre Rechnung sowie eine 3-Monats-Sichttratte über 7680 Franc bei und bittet die französische Firma, die Tratte mit ihrem Akzept zu versehen und zurückzusenden. Die Firma Hauser ist überzeugt, dass die Waren guten Absatz finden werden und hofft auf Fortsetzung der Geschäftsbeziehungen.

d. Gessner & Co. in München schreiben an A.P. Kondogouris in Limassol (Zypern), dass die von ihm bestellten Ersatzteile am 7.4. mit Luftpost versandt wurden.
Ihrem Schreiben legen Gessner & Co. folgende Dokumente bei:
1) Handelsrechnung Nr. 8334 vom 6. 4. über DM 870,–, ordnungsgemäß unterschrieben, 4fach;
2) Zollfaktura, 3fach;
3) Packliste Nr. 46216.
Gessner & Co. bitten Kandogouris, so bald wie möglich die Überweisung des Rechnungsbetrags auf Konto Nr. 24464 bei der Dresdner Bank, München, zu veranlassen.

e. Braun & Söhne in Hannover teilen am 14. 11. der Fa. Achmed Taffa in Tunis mit, dass die bestellten Elektromotoren (Auftrag

B 8336 vom 02. 10.) heute in Hamburg mit Frachter „Hansa" verladen wurden.

Die Verpackung der Motoren erfolgte in seefesten Kisten mit Bandverschluss. Jeder einzelne Motor wurde vor Versand nochmals sorgfältig geprüft. Der Vertreter der Firma Braun & Söhne in Tunis, M. Ali Abdad, ist gerne bereit, den Kunden in allen technischen Fragen zu beraten. Er unterhält auch ein großes Ersatzteillager.

Wie vereinbart, haben Braun & Söhne die Versanddokumente (Handelsrechnung fünffach, voller Satz Konnossemente und Versicherungspolice) zusammen mit einer Sichttratte ihrer Bank zur Weiterleitung an die Banque de Tunis übergeben, die der Fa. Achmed Taffa die Dokumente bei Einlösung der Tratte aushändigen wird. Eine Kopie der Handelsrechnung legen Braun & Söhne ihrem Schreiben bei.

Braun & Söhne hoffen, dass die Sendung wohlbehalten ankommen wird. Über weitere Aufträge würden sie sich freuen.

Paiement

Accusés de réception de marchandises et avis de paiement – Accusés de réception de paiement

1. Introduction

Accusé de réception de marchandises et avis de paiement. L'acheteur qui reçoit une livraison l'examinera à fond pour contrôler si elle correspond quantitativement et qualitativement à sa commande, aux échantillons qui l'ont incité à commander, etc. Dans le cas affirmatif, il accusera en général réception de l'envoi. Cet accusé de réception contient normalement une indication relative au paiement prévu ou effectué en même temps.

Un avis peut aussi être envoyé séparément si le règlement se fait au bout d'un certain délai ou indépendamment des livraisons (p. ex. dans le cas d'un règlement mensuel ou trimestriel, etc.).

Le paiement s'effectue en général par:

- virement
- chèque
- mandat-poste
- lettre de change (ou: traite)
- billet à ordre
- crédit documentaire (fréquent dans le commerce extérieur)

Accusé de réception de paiement. Le fournisseur n'est pas obligé d'accuser réception d'un paiement si l'acheteur ne le demande pas. Mais les fournisseurs profitent souvent de l'occasion pour resserrer les contacts et relancer les affaires.

L'accusé de réception de paiement fournit, le cas échéant, l'occasion d'attirer l'attention du client sur une erreur dans le paiement, dans l'interprétation des conditions de paiement, etc. ou bien de réclamer un escompte déduit à tort.

2. Lettres modèles

a. Accusé de réception de la marchandise et renvoi d'une traite

---

Messieurs,

Nous vous remercions vivement d'avoir bien voulu accélérer l'exécution de notre commande n° 117.

Les jantes sont effectivement arrivées à temps pour éviter que notre chaîne de montage ne s'arrête.

Ci-joint, nous vous renvoyons, dûment acceptée, la traite que vous avez tirée sur nous.

Vous remerciant encore une fois, nous vous prions de croire, Messieurs, à l'expression de nos sentiments distingués.

P.J.

---

b. Accusé de réception de la marchandise et envoi d'un chèque

Messieurs,

Nous accusons réception de votre envoi objet de notre ordre PS/mb du 3/4/19..
Nous avons vérifié la marchandise et l'avons trouvée conforme aux échantillons.
Pour solder la facture que vous avez jointe à l'envoi, nous vous remettons en annexe un chèque sur la B.N.C.I. d'un montant de 17308 F.
Veuillez agréer, Messieurs, nos sincères salutations.
P.J.

c. Accusé de réception de factures et avis de crédit

Messieurs,

Nous accusons réception de vos factures n°s 19 et 20 concernant les pièces de rechange que vous avez livrées la semaine passée.
Nous avons le plaisir de vous informer que le total de 7800 F a été porté au crédit de votre compte tenu en nos livres.
Veuillez agréer, Messieurs, l'expression de nos sentiments distingués.

d. Accusé de réception d'un chèque

Messieurs,

Nous avons bien reçu votre chèque n° 586499 en couverture de notre facture n° 968 du 20 octobre 19.. d'un montant de 1566,90 F.
Nous vous en remercions et portons cette somme au crédit de votre compte sous les réserves d'usage.
Nous vous prions d'agréer, Messieurs, nos sincères salutations.

e. Accusé de réception de paiement

Messieurs,

Nous accusons réception de votre chèque de 2 811 F concernant notre facture n° 11 en date du 23/10/19.. et vous en remercions.
Espérant être favorisés bientôt d'une nouvelle commande de votre part, nous vous prions d'agréer, Messieurs, l'expression de nos sentiments les meilleurs.

f. Accusé de réception de paiement

Objet: Règlement de nos fournitures

Messieurs,

Nous avons bien reçu votre lettre du 15 mai et accusons réception de votre virement de 7350 F.
Pour le solde de 3 000 F restant en notre faveur, nous vous accordons un nouveau délai de 3 mois. Le taux d'intérêt s'élèvera comme d'habitude à 0,4% par mois, soit 36 F en l'occurrence.
Espérant vous avoir été agréables, nous vous prions d'agréer, Messieurs, l'assurance de nos sentiments distingués.

g. Avis de paiement

Monsieur,

Nous avons le plaisir de vous informer que nous avons chargé ce matin le Crédit Lyonnais à Toulouse de virer la somme de 4136 F à votre compte à la Städtische Sparkasse, Dingolfing, en règlement de votre facture n° 1037 du 19 octobre.
Veuillez agréer, Monsieur, nos salutations distinguées.

h. Réclamation de frais facturés à tort

Messieurs,

Par avis de débit du 29/6/19.., vous mettez à notre charge 495,80 DM, somme représentant la différence entre votre prix de vente et celui auquel nous vous avons refacturé les pièces que nous avions retournées parce qu'elles ne correspondaient pas au plan.
Notre Service Comptabilité nous précise que le prix indiqué dans notre facture n° 46784 a été établi en augmentant votre prix de vente départ usine:
- de 3,20% représentant la quote-part de transport/emballage dont vous nous aviez débités en sus lors de la livraison;
- de 4% de droits de douane et taxes que la douane française ne rembourse pas.

En effet, lorsque vous nous avez fourni des pièces conformes en remplacement de celles que nous avions renvoyées, vous nous avez débités à nouveau de 3,20% de frais de transport et d'emballage et nous avons de nouveau payé 4% de droits à la douane.
C'est la raison pour laquelle, lorsque nous vous avons rendu les pièces non-conformes, nous vous avons facturé les frais correspondants.

Nous espérons que vous comprendrez notre point de vue et vous retournons, pour annulation, votre note de débit du 29/6/19.. se montant à 495,80 DM.
Veuillez agréer, Messieurs, nos salutations distinguées.

i. Réclamation d'un escompte déduit à tort

Messieurs,

Nous accusons réception de votre avis de paiement et vous en remercions. Malheureusement, nous ne pouvons pas nous déclarer d'accord sur la déduction de 3% d'escompte. En effet, tant notre offre du 13 avril que notre facture n° 11 du 25 mai portent la mention «paiement dans les 30 jours net».
Nous vous demandons de nous faire virer le montant de 71 F que vous avez déduit du total de la facture.
Veuillez agréer, Messieurs, l'expression de nos sentiments les meilleurs.

j. Fixation de conditions de paiement plus sévères

Messieurs,

Les sévères mesures d'encadrement du crédit et les charges financières de plus en plus lourdes sur les entreprises industrielles font que nous sommes obligés d'adopter une attitude moins libérale en matière de crédit. Nos propres fournisseurs n'ont du reste pas hésité à faire de même.
En conséquence, nous vous prions de bien vouloir noter que le règlement de nos factures devra dorénavant s'effectuer par traite acceptée à 60 jours, ce qui représente le maximum que nous pouvons vous accorder. Nous vous laissons bien entendu la liberté de proroger l'échéance au-delà, mais les agios seraient alors à votre charge.
Veuillez agréer, Messieurs, l'assurance de nos meilleurs sentiments.

k. Accusé de réception de la marchandise

Céramique **CEPOC** *Porcelaine*

Saint-Étienne

S.A.R.L. au capital de 400 000 F

Adresse postale:
Monsieur le Directeur de
CEPOC
5, place de la Victoire
42000 Saint-Étienne

Établissements Brun
109, avenue Tartas
33000 Arcachon

Tél.: 42. 40. 30. 56
Télex: 22.713 Sté-poc
Télécopie: 42. 40. 20. 21
C.C.P. Saint-Étienne 39-15

R.C.S. Saint-Étienne B 336 521 153

Saint-Étienne, le 30 juin 19..

Objet: Cisaille type 315

Messieurs,

Nous avons bien reçu la cisaille que nous vous avons commandée le 12 janvier.

Nous vous prions de bien vouloir prévoir, pour la semaine prochaine, la visite d'un de vos techniciens, afin que nous puissions aussitôt procéder à la mise en place de la machine.

Veuillez nous indiquer par retour du courrier la date d'arrivée de votre technicien. Nous nous chargerons alors de la réservation d'une chambre d'hôtel.

Nous vous prions de croire, Messieurs, à l'assurance de nos sentiments distingués.

F. Patelin

3. Phraséologie

a. Réception de marchandises, de factures, etc.

Nous accusons réception des marchandises objet de notre commande et vous remercions de la prompte livraison.	Wir bestätigen den Erhalt der bestellten Waren und danken Ihnen für die prompte Lieferung.
Les marchandises correspondant à votre facture du ... sont arrivées hier par le cargo «Hamburg».	Die Waren laut Ihrer Rechnung vom ... kamen gestern mit Frachter „Hamburg" an.
Les marchandises nous sont parvenues en bon état et nous donnent toute satisfaction.	Die Sendung ist wohlbehalten bei uns eingetroffen und zu unserer vollen Zufriedenheit ausgefallen.
Nous avons reçu votre extrait de compte du trimestre passé et l'avons trouvé en règle.	Wir haben Ihren Kontoauszug für das letzte Quartal erhalten und in Ordnung befunden.
Nous avons le plaisir de vous informer que l'extrait de compte de décembre 19.. est conforme à nos écritures.	Wir freuen uns, Ihnen mitteilen zu können, dass ihr Auszug für Dezember 19.. mit unseren Büchern übereinstimmt.

b. Paiement

En règlement de votre facture, nous vous envoyons ci-joint un chèque barré d'un montant de ... F sur la B.N.C.I., Bordeaux.	Zum Ausgleich Ihrer Rechnung senden wir Ihnen in der Anlage einen Verrechnungsscheck über ... Franc auf die B.N.C.I., Bordeaux.
Nous vous remettons ci-joint un chèque d'un montant de ... F et vous prions de bien vouloir en créditer notre compte.	Wir legen einen Scheck über ... Franc bei und bitten um Gutschrift auf unser Konto.
Nous joignons à la présente un chèque bancaire d'un montant de ... F en règlement de votre facture, déduction faite de 2% d'escompte.	Wir legen einen Bankscheck über ... Franc bei, der Ihre Rechnung nach Abzug von 2% Skonto deckt.
Nous avons chargé notre banque de virer la somme de ... F à votre compte au Crédit Lyonnais, Marseille.	Wir haben unsere Bank angewiesen, den Betrag von ... Franc auf Ihr Konto beim Crédit Lyonnais, Marseille, zu überweisen.
Nous avons accepté votre traite et la réglerons sans délai à son échéance.	Wir haben Ihre Tratte akzeptiert und werden Sie bei Fälligkeit prompt einlösen/honorieren.

c. Erreurs dans les factures, etc.

En vérifiant votre facture, nous avons constaté que vous aviez commis une erreur.	Bei Prüfung Ihrer Rechnung stellten wir fest, dass Ihnen ein Fehler unterlaufen ist.
Nous vous renvoyons la facture, car vous avez fait une faute dans l'addition.	Wir schicken Ihre Rechnung zurück, da Sie sich bei der Addition verrechnet haben.
Les marchandises livrées ne correspondent pas à votre facture.	Die gelieferten Waren stimmen nicht mit Ihrer Rechnung überein.
Nous attirons votre attention sur deux avis de crédit qui ne figurent pas sur votre relevé.	Wir möchten Sie auf zwei Gutschriften aufmerksam machen, die in Ihrem Auszug nicht aufgeführt sind.
Nous vous saurions gré de bien vouloir rectifier l'extrait de compte.	Für die Berichtigung des Kontoauszuges wären wir Ihnen dankbar.
Cette erreur nous causant des difficultés auprès de la douane, nous vous prions de nous faire parvenir une facture rectifiée.	Da wir wegen dieses Irrtums Schwierigkeiten mit den Zollbehörden haben, bitten wir um Zusendung einer berichtigten Rechnung.
Veuillez établir un avis de crédit portant sur la différence.	Bitte erteilen Sie uns eine Gutschrift für den Differenzbetrag.
Veuillez nous confirmer le solde corrigé de …	Bitte bestätigen Sie uns den berichtigten Saldo von …

d. Réception du paiement

Nous accusons réception de votre chèque d'un montant de … et vous faisons savoir que nous avons porté cette somme au crédit de votre compte.	Wir bestätigen den Eingang Ihres Schecks über …, den wir Ihrem Konto gutgeschrieben haben.
Notre banque vient de nous faire savoir qu'elle a reçu votre virement d'un montant de …	Unsere Bank teilt uns soeben mit, dass Ihre Überweisung in Höhe von … eingegangen ist.
Nous vous remercions du prompt règlement de notre facture et vous remettons en annexe une quittance dûment signée.	Wir danken Ihnen für Ihre prompte Zahlung und legen eine ordnungsgemäß unterschriebene Quittung bei.

e. Erreurs de paiement, etc.

Nous vous retournons votre chèque, car il est postdaté.	Wir lassen Ihren Scheck an Sie zurückgehen, da er nachdatiert ist.
Nous avons constaté que votre chèque n'était pas signé.	Wir haben festgestellt, dass Ihr Scheck nicht unterschrieben war.

Étant donné que le règlement a été effectué après l'expiration du délai habituellement respecté pour paiement au comptant, nous ne pouvons pas accepter la déduction de 2% d'escompte.

Da die Zahlung nach Ablauf der üblichen Barzahlungsfrist erfolgte, können wir uns mit dem Abzug von 2% Skonto nicht einverstanden erklären.

Vous avez déduit ... F de notre facture sans indiquer la raison d'une telle déduction.

Sie haben von unserer Rechnung ... Franc abgezogen, ohne irgendwelche Gründe dafür anzugeben.

Un chèque est postdaté quand le tireur porte sur le chèque une date postérieure à la date réelle.
Exemple: date réelle: 2 avril, postdate: 25 avril.
Néanmoins, un chèque postdaté est payable à vue, même avant cette date.
Un chèque portant une date antérieure à la date réelle est un chèque antidaté.
Il est formellement interdit de postdater ou d'antidater un chèque.

4. Exercices

Traduisez les lettres suivantes:

a. Export-Import GmbH, Hamburg, an Paul Maizières, Paris

Betr.: Unser Auftrag Nr. A 3112 vom 10. 7.
Die mit obigem Auftrag bestellten Gummiwärmflaschen und -handschuhe sind heute bei uns eingetroffen.
Wir bedanken uns für die prompte und sorgfältige Ausführung unseres Auftrags und senden Ihnen als Anlage einen Bankscheck zum Ausgleich Ihrer Rechnung über ...

Anlage

b. Müller & Co., Bielefeld, an Dupont & Cie, Paris

Wir haben Ihren Kontoauszug für das 2. Quartal 19.. erhalten, der einen Saldo von 22 351 Franc zu Ihren Gunsten aufweist.
Wie wir anhand unserer Bücher festgestellt haben, berücksichtigt die Aufstellung weder die Gutschrift vom 20. 4. in Höhe von 972,– Franc, die wir für zurückgesandte Waren erhielten, noch den Preisnachlass von 501,– Franc, den uns Ihr Vertreter, Herr Chantal, auf unsere Reklamation vom 5. 5. hin gewährte.
Für umgehende Berichtigung des Auszugs wären wir Ihnen dankbar.

c. Hälsen & Co., Lübeck, an Pierre Cohen, Bordeaux

Besten Dank für Ihr Schreiben vom 29. 9., dem ein Scheck über 2 304,– Franc zum Ausgleich unserer Rechnung vom 20. 9. beilag.
Wir würden uns freuen, Sie bei künftigem Bedarf wieder bedienen zu können.

Rédigez des lettres en français d'après les indications suivantes:

d. Georg Mehlen KG, Frankfurt/Main, schreibt an Ets Neury & Cie, Clermont-Ferrand, dass die ihr am 26. 5. angekündigte Sendung inzwischen wohlbehalten angekommen ist. Die Firma hat die Waren geprüft und in Ordnung befunden. Sie hat heute ihre Bank angewiesen, den Rechnungsbetrag in Höhe von 9 870,– Franc auf das Konto von Neury & Cie bei der B.N.C.I., Clermont-Ferrand, zu überweisen.

e. Die Bremer Importgesellschaft mbH bestätigt den Eingang der Versandanzeige der Firma Loy & Cie, Caen, vom 25. 5. Die 250 Flaschen Calvados sind am 12. 6. in Bremen eingetroffen. Die Tratte von Loy & Cie sendet die Importgesellschaft mit ihrem Akzept versehen zurück und verspricht, für prompte Einlösung bei Verfall zu sorgen.

f. Schmitt & Co. in Düsseldorf haben von Jacques Luttel, Cahors, Waren bezogen und darüber drei Rechnungen mit den Nummern 17662, 17678 und 17695 erhalten. In diesen Rechnungen ist jedoch der von Jacques Luttel in seinem Angebot vom 16. 3. zugesagte Rabatt von 10% nicht berücksichtigt. Schmitt & Co. bitten daher um Berichtigung der Rechnungen bzw. Gutschrift des fraglichen Betrags.

g. Kraemer & Co. (Export-Import) in Hamburg bedanken sich bei A. Croissier & Cie, Paris, für die prompte Lieferung der am 15. 5. bestellten Parfüm-Flakons. Bei Prüfung der Rechnung stellten Kraemer & Co. jedoch fest, dass dem Lieferanten bei Posten Nr. 22, 25 Flakons „Vent vert" zum Preis von je 231,– Franc, ein Fehler unterlaufen ist. Der Gesamtpreis beträgt 5 775,– Franc, nicht 4 860,– Franc. Kraemer & Co. bitten um Berichtigung.

Renseignements commerciaux

Demandes de renseignements – Réponses

1. Introduction

Lorsqu'un commerçant se trouve devant la nécessité d'accorder un crédit à un nouveau client, il se renseigne d'abord sur la solvabilité, la loyauté, la pratique commerciale et la réputation générale de ce dernier.

Pour obtenir ces renseignements, le commerçant peut s'adresser: 1) à des personnes, maisons ou banques que le nouveau client a indiquées comme références; 2) à un correspondant dont le commerçant sait qu'il connaît le nouveau client; 3) à une agence de renseignements.

Lors de la rédaction d'une demande de renseignements ou d'une réponse à une telle demande, il y a certaines règles à respecter.

Demande de renseignements. Comme une demande de renseignements constitue la demande d'un service, l'expéditeur y joindra une enveloppe affranchie à son adresse. Si la demande va à l'étranger et qu'il ne peut donc pas affranchir l'enveloppe, il joindra un coupon-réponse international qu'il se sera procuré dans n'importe quel bureau de poste.

Afin de préserver les demandes de toute indiscrétion de la part d'un tiers, l'auteur évitera de citer, dans la demande même, le nom de la personne ou de la maison sur laquelle il veut obtenir un renseignement, mais il l'indiquera sur une feuille spéciale que le destinataire pourra jeter. Pour la même raison, les demandes de renseignements porteront en général la mention «confidentiel».

À la fin de la demande, l'auteur assurera le destinataire de son entière discrétion et il se déclarera prêt à rendre des services analogues.

Réponses aux demandes de renseignements. La réponse à une demande de renseignements évite, tout comme la demande elle-même, de citer le nom de la maison ou de la personne concernée. L'auteur se référera à «la maison en question», à «ladite société», etc.

La rédaction du texte de la réponse demande beaucoup de délicatesse et de mesure. L'auteur ne doit pas se perdre dans les détails; il ne mentionnera que des faits sûrs, et ceci sous une forme objective et impersonnelle.

À la fin de la réponse, l'auteur soulignera que le renseignement a été donné sans engagement et qu'il doit être considéré comme confidentiel.

2. Lettres modèles

a. Demande de renseignements sur une maison

Confidentiel

Messieurs,

La maison dont le nom et l'adresse figurent sur la fiche ci-jointe vous a indiqués comme référence lors de la passation d'une première commande assez importante. Comme nous ne connaissons pas du tout cette maison, nous aimerions nous renseigner sur sa solvabilité avant de lui accorder le crédit demandé s'élevant à 15 000 F. Nous vous serions très obligés de bien vouloir nous donner tous renseignements utiles au sujet de la solvabilité et de la renommée de cette maison. Croyez-vous, plus spécialement, que nous puissions accorder sans risque le crédit mentionné ci-dessus? Étant donné que la commande de la maison en question est assez urgente, nous vous saurions gré de bien vouloir nous répondre le plus tôt possible.
Nous serons toujours disposés à vous rendre un service analogue et vous prions d'agréer, Messieurs, nos salutations les plus distinguées.
P.J.

b. Renseignements favorables sur une maison

Messieurs,

En réponse à votre demande du 15 novembre, nous sommes à même de vous indiquer que la maison en question jouit d'une réputation excellente. Elle compte parmi nos clients réguliers et nous n'avons jamais eu d'ennuis avec elle.
C'est pourquoi nous pensons que vous pouvez lui accorder sans risque le crédit dont vous parlez dans votre demande.
Nous vous fournissons ce renseignement bien entendu sans engagement de notre part et vous prions de bien vouloir le considérer comme confidentiel.
Veuillez agréer, Messieurs, nos salutations distinguées.

c. Renseignements défavorables sur une maison

Personnel et confidentiel

Monsieur,

En réponse à votre demande du 16 septembre, nous sommes au regret de vous informer que la maison en question semble se trouver dans une situation financière difficile. Nous avons appris de source bien informée qu'elle vient de subir des pertes

considérables à la suite d'un marché conclu avec une firme mexicaine. Il est pour cette raison sans doute risqué de lui accorder un crédit quelconque.
Nous comptons sur votre entière discrétion en ce qui concerne ce renseignement.
Regrettant de ne pouvoir vous fournir d'informations plus favorables, nous vous prions d'agréer, Monsieur, nos salutations distinguées.

---

d. Réponse évasive

Monsieur,

Nous accusons réception de votre lettre du 2 ct.
À notre grand regret, nous ne pouvons pas vous fournir de renseignements sur cette maison, parce que nous ne sommes plus en relations avec elle depuis plus de 2 ans. Vous savez vous-même que la situation d'une entreprise peut changer considérablement dans un pareil espace de temps, et nos expériences datant de l'époque où nous avions affaire à cette maison ne vous seraient certainement pas utiles.
Nous regrettons encore une fois de ne pouvoir vous être agréables et vous prions de croire, Monsieur, à l'expression de nos meilleurs sentiments.

---

e. Refus d'un renseignement

Messieurs,

Suite à votre lettre du 7 janvier, nous regrettons de ne pouvoir vous donner de renseignements sur la solvabilité de l'entreprise que vous citez. N'étant pas une entreprise commerciale, nous ne sommes pas en mesure de vous rendre ce service.
Nous espérons que vous comprendrez notre attitude et que nos relations amicales ne seront pas affectées par notre réponse négative.
Nous vous prions de croire, Messieurs, à l'assurance de nos meilleurs sentiments.

---

f. Demande de renseignements sur une maison

ETS PRENTON & FILS
SPÉCIALITÉS PLASTIQUES

21, place du Général Leclerc 92300 Levallois Tél.: 37 08 23 29
C.C.P. 5139 Lyon Télécopie: 37 08 16 52

Monsieur Parize
6, place Savini
75005 Paris

N./RÉF.
V./RÉF.

LEVALLOIS, LE 10 novembre 19..

Confidentiel

Monsieur,

Notre ami commun, Monsieur Martin de la DAP, usine de Nantes, nous a donné votre adresse en nous assurant que vous aurez toute compréhension pour la demande suivante:

La firme allemande dont le nom figure sur le bordereau joint en annexe vient de nous passer un ordre d'un montant de 9 000 deutschemarks payables dans un délai de six semaines. Monsieur Martin nous a dit que vous aviez déjà eu affaire à cette maison et que vous pourriez nous renseigner sur ses pratiques commerciales et, le cas échéant, sur sa solvabilité.

Croyez-vous que nous puissions accorder le crédit précité à cette maison?

Nous vous serions bien obligés si vous pouviez nous fournir des renseignements aussi détaillés que possible et nous vous assurons que nous les considérerons comme strictement confidentiels.

Vous remerciant à l'avance, nous vous prions de croire, Monsieur, à l'assurance de nos sentiments très distingués.

J. Perrier

P.J.

Ets Prenton & Fils - Société anonyme au capital de 800 000 francs.
R.C.S. B 535 120 266 SIRET 712 382 440 55791

3. Phraséologie

a. Formules d'introduction

La maison Blanc & Cie vous a cités à titre de référence.	Sie wurden uns von der Firma Blanc & Cie als Referenz genannt.
La société dont vous trouverez le nom sur la fiche ci-jointe nous a passé une première commande s'élevant à …	Die auf dem beiliegenden Blatt genannte Firma hat uns erstmalig einen Auftrag in Höhe von … erteilt.
M. Jouly désire un crédit commercial d'un montant maximum de …	M. Jouly wünscht einen Warenkredit bis zu einer Höhe von …
La maison Lonc et Fils veut entrer en relations d'affaires avec nous.	Die Firma Lonc et Fils möchte mit uns in Geschäftsverbindung treten.
Comme nous ne connaissons pas cette société …	Da wir diese Firma nicht kennen …
Étant donné que nous n'avons pas encore été en relations avec cette maison …	Da wir mit dieser Firma bisher nicht in Geschäftsverbindung standen …

b. Demandes d'informations

Nous vous serions reconnaissants pour tout renseignement que vous seriez à même de nous donner.	Für jede Auskunft, die Sie uns über die betreffende Firma geben können, wären wir Ihnen dankbar.
Nous vous serions obligés de bien vouloir nous informer plus amplement sur … / de nous donner de plus amples renseignements sur …	Wir wären Ihnen dankbar, wenn Sie uns Näheres über … mitteilen könnten.
la situation financière	die finanzielle Lage, die Vermögenslage
la solvabilité	die Kreditwürdigkeit, die Zahlungsfähigkeit
le crédit, la réputation	das Ansehen, der Ruf
le chiffre d'affaires	der Umsatz
la pratique commerciale	das Geschäftsgebaren
les méthodes *(fpl)* commerciales	die Geschäftsmethoden
la fiabilité / le sérieux	die Zuverlässigkeit
Estimez-vous qu'un crédit de … soit justifiable?	Ist Ihrer Ansicht nach ein Kredit in Höhe von … vertretbar?
Jusqu'à un crédit de quel montant pensez-vous que nous puissions aller sans risque?	Bis zu welchem Betrag können wir Ihrer Meinung nach ohne Risiko gehen?

Nous vous serions reconnaissants pour tout renseignement supplémentaire que vous pourriez nous donner.

Für jede weitere Auskunft, die Sie uns geben könnten, wären wir Ihnen dankbar.

c. On promet un traitement confidentiel du renseignement et offre ses services en contrepartie

Nous considérerons vos renseignements comme strictement confidentiels.	Ihre Auskunft werden wir streng vertraulich behandeln.
Vous pouvez être sûrs que nous traiterons vos renseignements avec la plus grande discrétion.	Sie können sich darauf verlassen, dass wir Ihre Auskunft mit größter Verschwiegenheit behandeln werden.
Nous sommes toujours à votre disposition pour vous rendre un service semblable.	Zu Gegendiensten sind wir stets gerne bereit.
Si vous avez besoin d'un service comparable, faites-nous-le savoir.	Wenn wir Ihnen einen ähnlichen Dienst erweisen können, so teilen Sie uns das bitte mit.

d. Renseignements favorables

La maison que vous citez jouit d'une renommée excellente.	Die von Ihnen genannte Firma genießt einen ausgezeichneten Ruf.
Il s'agit de commerçants établis depuis longtemps et qui jouissent d'une confiance illimitée.	Es handelt sich um alteingesessene Kaufleute, die uneingeschränktes Vertrauen genießen.
Ils disposent de fonds importants.	Sie verfügen über beträchtliche finanzielle Mittel / beträchtliches Kapital.
Ils ont toujours effectué ponctuellement leurs paiements.	Sie sind ihren Zahlungsverpflichtungen stets pünktlich nachgekommen.
Pour leurs paiements, ils bénéficient presque toujours d'un escompte.	Sie zahlen meist unter Ausnutzung von Skonto.
La maison en question fait partie de nos clients réguliers depuis 5 ans.	Seit 5 Jahren zählt die Firma zu unseren regelmäßigen Kunden.
Au cours de l'année passée, la maison Barnoy & Cie nous a passé des commandes pour un total de …	Die Firma Barnoy & Cie erteilte uns letztes Jahr Aufträge im Wert von …
Nous pensons que vous ne courez aucun risque en accordant à cette maison un crédit pouvant aller jusqu'à …	Wir glauben nicht, dass Sie irgendein Risiko eingehen, wenn Sie der Firma einen Kredit bis zu … gewähren.

e. Renseignements défavorables

En réponse à votre lettre du ..., nous regrettons de vous informer qu'il ne paraît pas recommandé d'accorder un crédit à la maison en question.

In Beantwortung Ihres Schreibens vom ... bedauern wir, Ihnen mitteilen zu müssen, dass es uns nicht ratsam erscheint, der betreffenden Firma Kredit zu gewähren.

De source bien informée, nous avons appris que cette société a des difficultés financières.

Aus zuverlässiger Quelle haben wir erfahren, dass die Firma mit finanziellen Schwierigkeiten zu kämpfen hat.

La maison serait dans une situation financière difficile.

Die Firma soll sich in einer schwierigen finanziellen Lage befinden.

Cette société a subi des pertes considérables à la suite de la faillite d'un de ses clients.

Durch den Konkurs eines ihrer Kunden sind der Firma beträchtliche Verluste entstanden.

Il semble que cette maison ne dispose pas de fonds suffisants.

Anscheinend verfügt die Firma nicht über genügend Kapital.

Depuis six mois, ils sont lents à régler les factures.

Seit sechs Monaten gehen die Zahlungen schleppend ein.

f. Demande d'un traitement confidentiel

Nous vous prions de considérer ce renseignement comme confidentiel.

Wir bitten um vertrauliche Behandlung dieser Auskunft.

Nous vous fournissons ce renseignement à titre personnel et sans engagement de notre part.

Die Auskunft ist nur für Sie bestimmt und wird ohne jede Haftung erteilt.

4. Exercices

Traduisez les lettres suivantes:

a. Erich Schwarz KG, München, an Ets Gallebert, Paris.

Die Firma Livier & Grand in Paris hat sich um unsere Vertretung in Frankreich beworben und Sie dabei als Referenz genannt. Bei Abschluß eines Vertretervertrages würden wir dieser Firma Konsignationswaren im Werte von ca. 15 000 Franc zur Verfügung stellen.

Wir wären Ihnen deshalb für eine möglichst genaue Auskunft über die Vermögenslage dieser Firma und den Umfang ihrer Geschäfte dankbar. Vor allem würde uns interessieren zu erfahren, ob sie Ihrer Ansicht nach in der Lage ist, den französischen Markt intensiv zu bearbeiten. Verfügt die Firma über gute Geschäftsverbindungen in ihrer Branche?
Wir versichern Ihnen, dass wir Ihre Auskunft als streng vertraulich und für Sie unver-

bindlich behandeln werden. Einen adressierten Umschlag sowie einen Internationalen Antwortschein legen wir diesem Schreiben bei.
Anlagen:
- Adressierter Umschlag
- Internationaler Antwortschein

b. Fries & Co., Bremen, an Romy & Latois, Narbonne

Die in Ihrem Schreiben vom 8. August erwähnte Firma ist uns seit längerer Zeit bekannt. Es handelt sich um ein gut fundiertes Außenhandelsunternehmen, das für eigene Rechnung und als Vertreter für einige namhafte ausländische Firmen tätig ist.
Die Inhaber sind tüchtige und zuverlässige Kaufleute, die über ausgedehnte Geschäftsverbindungen verfügen. Soweit uns bekannt ist, sind sie ihren Verbindlichkeiten stets prompt nachgekommen. Wir glauben daher, dass Sie den gewünschten Kredit ohne Bedenken gewähren können.
Wir bitten um vertrauliche Behandlung dieser Auskunft, für die wir keine Haftung übernehmen.

c. Hermann Koerner OHG, Bayreuth, an Marcel et Gaston Pugnaire, Dijon

Die in Ihrem Schreiben vom 20. Juni genannte Firma wurde erst vor zwei Jahren gegründet. Seit etwa sechs Monaten gehen die Zahlungen schleppend ein. Wir haben den Eindruck, dass die Firma mit großen Absatzschwierigkeiten zu kämpfen hat. Wie wir aus sicherer Quelle erfahren haben, hat die Firma jetzt eine Hypothek auf ihr Grundstück aufgenommen.
Unter diesen Umständen müssen wir Ihnen zur Vorsicht raten.
Wir bedauern, dass wir Ihnen keine bessere Auskunft erteilen können und bitten um Verschwiegenheit.

Rédigez des lettres en français d'après les indications suivantes:

d. Das Bremer Exporthaus Möller & Co. verhandelt wegen eines größeren Auftrags mit der Compagnie de Terrassement in Fort-Lamy (Tschad). Diese Firma nannte unter anderem die Ateliers Réunis S.A. in Paris als Referenz.
Möller & Co. schreiben an diese Firma und bitten um Auskunft über die Kreditwürdigkeit, das Geschäftsgebaren und den Ruf der Compagnie de Terrassement. Vor allem möchten sie wissen, ob es nach Ansicht der Pariser Firma vertretbar wäre, Waren im Werte von ca. 80 000 DM auf der Basis „Dokumente gegen Akzept" zu liefern. Für alle weiteren Hinweise, die die Pariser Firma eventuell geben könnte, wären Möller & Co. ebenfalls dankbar.
Möller & Co. legen ihrer Anfrage einen adressierten Umschlag und einen Internationalen Antwortschein bei. Sie versichern der Pariser Firma, dass sie die Auskunft mit aller Verschwiegenheit behandeln werden, und erklären sich zu Gegendiensten bereit.

e. Breese & Co. in Hannover erhalten von Lonard & Richmond, Besançon, eine Anfrage wegen der Firma Brockmann & Clasen, die sie als Referenz angegeben hat.
Sie teilen der anfragenden Firma mit, dass Brockmann & Clasen ein gut eingeführtes Export- und Import-Unternehmen ist, mit dem sie schon seit ca. 2 Jahren in Geschäftsverbindung stehen. Während dieser Zeit hat die Firma regelmäßig Aufträge erteilt. Die Zahlungen erfolgten stets

pünktlich, meist unter Ausnutzung von Skonto. Nach den vorliegenden Informationen ist die finanzielle Lage des Unternehmens in jeder Hinsicht zufriedenstellend. Ein Kredit in Höhe von 7 800 Franc scheint Breese & Co. daher vertretbar. Breese & Co. geben diese Auskunft nach bestem Wissen, aber ohne jede Verbindlichkeit.

Correspondance concernant des livraisons retardées

1. Introduction

Le fournisseur consciencieux essayera d'exécuter toutes les commandes qu'il reçoit dans les délais convenus. Mais il lui arrivera de temps à autre d'être incapable de respecter le délai de livraison prévu. Dans ce cas-là, il s'adressera à son client en lui exposant les causes du retard pour lequel il s'excuse. Il tentera d'indiquer une date précise avant laquelle la commande sera de toute façon exécutée. Le cas échéant, il enverra une partie des articles commandés pour éviter de causer des ennuis à son client. Dans des cas extrêmes, il proposera à l'acheteur de lui accorder des remises sur le prix en compensation des difficultés.
D'autre part, l'acheteur qui n'a pas reçu les marchandises commandées à l'expiration du délai de livraison rappellera sa commande au fournisseur. Il attirera l'attention du vendeur sur le fait qu'il serait obligé d'annuler la commande si elle n'était pas exécutée à telle ou telle date.
Un retard dans la livraison peut causer à l'acheteur des pertes ou des dommages. Dans ce cas-là, il a la possibilité de demander au fournisseur des dommages-intérêts. Dans beaucoup de marchés, surtout dans ceux conclus avec une autorité à la suite d'un appel d'offre, le contrat de vente stipule l'importance des dommages-intérêts à payer dans le cas d'un retard apporté à la livraison.
Pour un retard dû à un cas de force majeure (p. ex. incendie, inondation, tremblement de terre, etc.) le fournisseur est dispensé de l'obligation de payer des dommages-intérêts.

2. Lettres modèles

a. Un fabricant français informe un acheteur allemand de retards éventuels dans l'exécution d'un programme de livraison

---

Messieurs,

Vous n'ignorez pas que les grèves du mois passé ont immobilisé l'activité dans notre secteur industriel. Toute la production a été arrêtée pendant 3 semaines et nous avons même eu beaucoup de peine à exécuter les plus urgentes commandes de pièces de rechange.
À cause de ces événements, nos stocks sont épuisés et notre fabrication n'arrive que peu à peu à rattraper le temps perdu.
Nous avons donné l'ordre à notre Service Ventes d'exécuter en premier les commandes venant de l'étranger et de satisfaire surtout vos programmes de livraison dans la mesure du possible.

Nous faisons de notre mieux pour éviter des retards dans les livraisons qui vous sont destinées, mais nous craignons de ne pas y arriver entièrement.
Nous vous prions de bien vouloir nous indiquer les pièces les plus urgentes pour que nous puissions vous faire parvenir un envoi partiel.
Dans l'espoir que vous comprendrez nos difficultés, nous vous prions d'agréer, Messieurs, nos sentiments distingués.

---

b. Retard de livraison

Messieurs,

Nous avons bien reçu votre ordre du 5 ct et vous en remercions vivement.
Malheureusement, nous regrettons de devoir vous informer que nous ne pouvons vous livrer les articles demandés à la date indiquée dans votre lettre. En effet, un de nos sous-traitants n'ayant pu nous fournir certaines pièces à temps, nous avons dû arrêter notre chaîne de montage pendant quelques jours.
Cependant nous serons à même d'effectuer la livraison début mars au plus tard.
Veuillez nous excuser pour ce retard et nous informer par retour du courrier si vous maintenez néanmoins votre commande.
Nous pouvons vous assurer que les meilleurs soins seront apportés à l'exécution de votre ordre.
Nous vous prions d'agréer, Messieurs, l'expression de nos sentiments dévoués.

---

c. Un fabricant français explique à un client allemand la raison d'un retard dans une livraison

---

Objet: Moteurs électriques n° 27314, votre commande C 245

Messieurs,

Nous nous permettons de vous confirmer par la présente la télécopie que nous vous avons adressée le 14 courant au sujet des pièces citées en rubrique.
Le retard survenu dans la livraison de nos moteurs électriques et dont nous vous prions de bien vouloir nous excuser est uniquement dû au fait que les Ets Hans Pram, Hambourg, nous ont expédié les 1000 bornes spéciales n° 3457 que nous leur avions demandées avec près d'un mois de retard.
Nous vous rappelons que c'est en raison de votre demande que nous avons dû nous adresser aux Ets Hans Pram pour l'achat de ces bornes spéciales que nous n'utilisons pas dans nos propres fabrications.
De ce fait, nous ne pouvons, pour leur adresser des commandes, que nous baser sur les programmes de livraison que vous nous transmettez.

Il est certain que, dans ces conditions, les Ets Hans Pram ne disposent que de peu de temps pour la mise en fabrication des bornes spéciales que nous leur commandons dès réception de vos programmes.
En conséquence, vous serait-il possible, dans l'avenir, soit de nous adresser vos programmes de livraison au minimum 3 mois avant leur échéance, soit de nous faire parvenir une commande ferme de moteurs électriques, commande qui serait cadencée ultérieurement en fonction de vos besoins.
Quoi qu'il en soit, nous précisons avoir reçu le 15 courant 1 000 bornes spéciales des Ets Hans Pram. Par conséquent, nous remettrons, le lundi 20 juin, 600 moteurs électriques n° 27 317 à notre transporteur.
Nous espérons ainsi vous donner satisfaction et vous prions d'agréer, Messieurs, nos salutations distinguées.

---

d. Rappel d'une commande

Messieurs,

Voilà six semaines que nous vous avons commandé 150 coussins n° 315 en jersey nylon. Nous sommes très surpris que la marchandise ne nous soit pas encore parvenue.
Veuillez nous informer par retour du courrier si nous pouvons compter sur une livraison avant la fin du mois. Au cas où il vous serait impossible d'effectuer la livraison d'ici le 31 mars, nous devrons annuler la commande. Veuillez agréer, Messieurs, nos salutations distinguées.

---

e. Rappel d'une commande

Monsieur,

Je vous ai commandé le 19 juillet cinq aspirateurs industriels, type NC 3210. Le 25 juillet, vous avez accusé réception de cette commande en acceptant le délai de livraison de 4 semaines que j'avais indiqué dans ma commande.
Je suis très étonné de ne pas avoir reçu la marchandise jusqu'ici. Comme j'ai moi-même promis la livraison de trois des articles spécifiés ci-dessus pour fin août, je me trouve dans une situation délicate à l'égard d'une maison qui compte parmi mes meilleurs clients.
Je vous prie de bien vouloir faire tout votre possible pour expédier les cinq aspirateurs avant la fin de la semaine.
Espérant vous lire très prochainement, je vous prie de croire, Monsieur, à l'expression de mes meilleurs sentiments.

---

f. Le fournisseur demande l'annulation d'une commande

Bornet & Ollivier

articles de ménage en inox

97, rue Pierre Boudon
F-92600 Asnières
Tél.: 34 71 58 10

Établissements Paraton & Cie
75, rue Henri Honnier
84000 Avignon

N./Réf.: TA/IS
V./Réf.:

Asnières, le 7 novembre 19..

Objet: Votre commande 277 du 23 septembre

Messieurs,

À notre grand regret, nous ne sommes pas en mesure d'exécuter la commande que vous nous avez passée le 23 septembre. Un cas de force majeure que notre collaborateur, Monsieur Perrin, aimerait vous expliquer verbalement en est la cause. Monsieur Perrin arrivera le 15 novembre vers 10 heures dans vos bureaux pour rechercher, d'un commun accord avec vous, une solution convenable à cette affaire qui nous est très désagréable.

Nous vous prions de bien vouloir faire retenir une chambre d'hôtel pour Monsieur Perrin pour la nuit de 15 au 16 novembre.

Vous remerciant à l'avance de la compréhension que vous ne manquerez certainement pas d'apporter à nos difficultés, nous vous prions de croire, Messieurs, à l'expression de nos sentiments très distingués.

J. Croiset

Chef des Ventes

ÉTABLISSEMENTS BORNET & OLLIVIER - SOCIÉTÉ ANONYME AU CAPITAL DE 1 230 000 FRANCS
R.C.S. Paris B 724 243 374 - C.C.P. PARIS 8942.30 SIRET 129 245 667 71236

g. Dernier rappel d'une commande

Messieurs,

Nous confirmons notre lettre du 3 ct. Nous sommes tout à fait surpris de ne pas avoir reçu de réponse à notre lettre ni l'envoi réclamé.
Comme nos clients ne peuvent se permettre d'attendre plus longtemps, nous devrons nous approvisionner ailleurs si les articles ne nous parviennent pas d'ici le 20.
Veuillez agréer, Messieurs, nos salutations distinguées.

h. Un acheteur belge de véhicules de voirie rappelle au constructeur allemand les conséquences d'une livraison retardée

Messieurs,

Comme nous n'avons reçu jusqu'ici aucun avis d'expédition des véhicules cités en référence, nous nous permettons de vous rappeler les termes du contrat de vente conclu le 3 mai 19.. à la suite de notre appel d'offre du 19 décembre 19..
Il a été stipulé dans l'article 15 dudit contrat que la somme totale du marché se réduira de 1,5% pour chaque jour de retard, et cela jusqu'à concurrence de 10% de la somme du contrat.
Puisque le délai de livraison vient à échéance la semaine prochaine, nous aimerions savoir quand vous comptez expédier les véhicules objet de notre contrat.
Dans l'espoir de vous lire bientôt, nous vous prions d'agréer, Messieurs, nos salutations empressées.

3. Phraséologie

a. Avis de retard de livraison

Nous regrettons de vous communiquer que l'exécution de votre commande sera retardée.

Wir bedauern, Ihnen mitteilen zu müssen, dass sich die Ausführung Ihres Auftrags verzögern wird.

Nous sommes au regret de vous informer que nous ne pourrons effectuer la livraison à la date prévue car notre stock est épuisé en raison du succès de cet article auprès de notre clientèle.

Leider müssen wir Ihnen mitteilen, dass die Lieferung nicht zum vereinbarten Termin erfolgen kann. Da dieser Artikel sehr großen Erfolg bei unserer Kundschaft hatte, ist unser Lager völlig leer.

Des difficultés techniques ayant retardé l'approvisionnement de notre stock, nous sommes obligés d'allonger nos délais de livraison.

Technische Probleme haben zu einem Produktionsrückstand geführt, der uns zwingt, unsere Lieferfristen zu verlängern.

Par suite d'une grève sauvage en nos usines, il ne nous sera pas possible de vous livrer les marchandises dans le délai fixé.

Wegen eines wilden Streiks in unserer Fabrik wird es nicht möglich sein, Ihren Auftrag fristgerecht fertigzustellen.

Étant donné un retard dans des fournitures de matières premières de base, nous ne serons probablement pas à même d'exécuter votre commande avant fin mai.

Wegen Verzögerung bei der Lieferung von Rohmaterial wird es uns voraussichtlich nicht möglich sein, Ihren Auftrag vor Ende Mai fertigzustellen.

Un léger retard est malheureusement inévitable.

Eine geringfügige Verzögerung ist leider unvermeidlich.

Nous serons à même de procéder à l'expédition le …

Wir können ab … liefern.

Nous ne serons pas à même d'effectuer la livraison avant le …/ fin mars / la fin de l'année.

Wir können nicht vor dem … / vor Ende März / vor Ende des Jahres liefern.

Veuillez nous excuser pour ce retard et nous confirmer le plus tôt possible votre commande.

Wir bitten Sie, diese Verzögerung zu entschuldigen und uns Ihre Bestellung so bald wie möglich zu bestätigen.

Veuillez nous excuser de ce retard et nous notifier votre accord pour le report de la date de livraison.

Wir bitten Sie, diese Verzögerung zu entschuldigen und uns mitzuteilen, ob Sie mit der Verschiebung der Lieferung einverstanden sind.

b. Plaintes concernant des retards dans la livraison

Nous avons formellement indiqué dans notre commande que les marchandises doivent nous parvenir d'ici le … au plus tard.

Wir haben in unserer Bestellung ausdrücklich darauf hingewiesen, dass die Waren bis spätestens … hier eintreffen müssen.

Nous vous rappelons que les articles objet de notre commande n° … du … auraient dû nous parvenir au plus tard le … Or, nous n'avons toujours pas reçu les articles commandés.

Wir möchten Sie darauf aufmerksam machen, dass die Artikel aus unserer Bestellung Nr. … vom … spätestens am … hätten uns zukommen sollen. Die bestellten Artikel haben wir jedoch immer noch nicht erhalten.

Le retard que vous avez apporté à votre livraison nous met dans une situation difficile / nous porte un grave préjudice.	Ihr Lieferverzug bringt uns in eine schwierige Lage / fügt uns einen erheblichen Schaden zu.
Veuillez vous occuper de cette affaire et nous communiquer quand les marchandises pourront être expédiées.	Wir bitten Sie, der Sache nachzugehen und uns mitzuteilen, wann die Waren abgeschickt werden können.
Vous devez nous donner définitivement l'assurance que l'expédition des produits s'effectuera d'ici la fin de la semaine prochaine.	Wir erwarten Ihre definitive Zusage, dass der Versand der Waren bis Ende der nächsten Woche erfolgt.
Nous devons insister pour que vous nous indiquiez par télex la date de livraison la plus proche possible.	Wir müssen darauf bestehen, dass Sie uns per Telex das frühest mögliche Lieferdatum mitteilen.
Nous sommes obligés de vous demander d'accorder la priorité à toutes nos commandes non encore exécutées.	Wir müssen Sie bitten, alle unsere noch nicht ausgeführten Bestellungen als vorrangig zu behandeln.
... d'accélérer l'exécution de la commande, car notre licence d'importation prend fin le ...	... die Ausführung des Auftrags zu beschleunigen, da unsere Importlizenz am ... ausläuft.
Si vous n'êtes pas en mesure de livrer les marchandises d'ici le ..., nous serons obligés d'annuler la commande.	Falls Sie die Waren nicht bis zum ... liefern können, sehen wir uns gezwungen, die Bestellung zu widerrufen.
... de nous approvisionner ailleurs.	... die Waren anderweitig zu beschaffen.
... de vous rendre responsables de toutes les pertes qui en résulteront pour nous.	... Sie für alle uns entstehenden Verluste haftbar zu machen.
Nous comptons sur une livraison immédiate et vous en remercions.	Wir rechnen mit einer sofortigen Lieferung und danken Ihnen dafür.

c. Réponse du vendeur

Nous vous prions de bien vouloir excuser le retard, et nous ferons tout notre possible pour accélérer l'exécution de la commande.	Wir entschuldigen uns für die Verzögerung und werden unser Möglichstes tun, um die Ausführung des Auftrags zu beschleunigen.
Nous regrettons vivement ce retard dû à un cas de force majeure.	Die Verzögerung, die auf höhere Gewalt zurückzuführen ist, bedauern wir sehr.

Dès réception de votre lettre, nous nous sommes mis en relation avec l'armateur qui nous a fait savoir que le MS «Martha» n'a pu quitter le port à cause d'un incident mécanique.

Sofort nach Eingang Ihres Schreibens setzten wir uns mit der Reederei in Verbindung und erfuhren von dieser, dass MS „Martha" wegen eines Maschinendefekts nicht auslaufen konnte.

Le retard est dû à la demande particulièrement élevée des mois passés.

Die Verzögerung ist auf die ungewöhnlich große Nachfrage während der letzten Monate zurückzuführen.

La pénurie de main-d'œuvre spécialisée rend de plus en plus difficile une exécution ponctuelle des commandes qui nous parviennent en nombre croissant.

Der Mangel an qualifizierten Arbeitskräften macht es für uns immer schwieriger, mit der steigenden Zahl der eingehenden Aufträge Schritt zu halten.

Notre agent n'a pu retenir plus tôt les disponibilités en navire nécessaires.

Unser Spediteur konnte den benötigten Schiffsraum nicht zu einem früheren Zeitpunkt buchen.

Nous vous demandons de ne pas nous tenir rigueur des ennuis que vous avez eus et espérons que nous aurons l'occasion de regagner votre confiance.

Wir möchten Sie bitten, die Ihnen entstandenen Unannehmlichkeiten zu entschuldigen und hoffen, dass Sie uns Gelegenheit geben werden, Ihr Vertrauen wiederzugewinnen.

... de rétablir une collaboration jusque-là si cordiale.

... unsere freundschaftlichen Geschäftsverbindungen zu erneuern.

4. Exercices

Traduisez les lettres suivantes:

a. Walter Neubert OHG, Garmisch, an Établissements Fouteneau, Arcachon

Am 15. Juli bestellten wir bei Ihrem deutschen Vertreter, Herrn Bergmann, Metallskier lt. Bestellschein Nr. A-23/280.
Wir haben damals Ihren Vertreter ausdrücklich darauf aufmerksam gemacht, dass die Skier bis Anfang Oktober in unserem Besitz sein müssen. Herr Bergmann sagte uns die Einhaltung dieses Termins zu und setzte einen entsprechenden Vermerk auf den Bestellschein.
Heute ist bereits der 20. Oktober und wir haben noch immer keine Versandanzeige von Ihnen erhalten. Bitte teilen Sie uns per Telefax mit, wann wir mit der Ankunft der Skier rechnen können.
Wir benötigen die Sendung dringend, da die Nachfrage nach Skiern wegen des Schneefalls in den Alpen bereits eingesetzt hat. Auch im Hinblick auf das bevorstehende Weihnachtsgeschäft müssen wir auf umgehende Lieferung bestehen.

b. Maschinenfabrik Schiedermayr GmbH, Ingolstadt, an Société Duprin & Cie, Paris

Vor ca. 3 Wochen sandten Sie uns die anlässlich der letzten Hannover-Messe bei Ihnen bestellte Bohrmaschine *(perceuse)*. Leider haben Sie den zum Antrieb erforderlichen Elektromotor nicht mitgeliefert.

Obwohl wir die Maschine für unseren Betrieb dringend benötigen, steht sie jetzt unbenutzt in unserem Lager, da wir auf die Lieferung des von Ihnen vorgesehenen Spezialmotors angewiesen sind.

Bei unserem Besuch auf der Messe haben wir Ihren Verkaufsleiter, M. Hardie, ausdrücklich darauf hingewiesen, dass unsere Bestellung nur unter der Voraussetzung pünktlicher Lieferung erteilt werde.

M. Hardie sagte uns die Lieferung der kompletten Maschine innerhalb von 4 Wochen verbindlich zu. Sie werden daher unsere Enttäuschung darüber verstehen, dass die Maschine jetzt mehr als 2 Monate nach Auftragserteilung immer noch nicht einsatzbereit ist.

Wir setzen Ihnen nunmehr eine Nachfrist bis zum Ende dieses Monats. Sollten wir bis dahin nicht im Besitze des Motors sein, lehnen wir die Annahme ab und senden Ihnen die bereits gelieferte Maschine zu Ihren Lasten zurück. Die geleistete Anzahlung in Höhe von ... bitten wir in diesem Falle auf unser Konto (Nr. 633) bei der Dresdner Bank, Filiale Ingolstadt, zu überweisen.

c. Heinrich Seitz KG, Krefeld, an Georges et Gaston Bertrand, Lyon

Wir bedauern, dass es uns nicht möglich ist, Ihren Auftrag vom 7. Mai fristgemäß auszuführen. Die Nachfrage nach unseren Erzeugnissen ist z.Z. so groß, dass wir einen beträchtlichen Auftragsrückstand haben.

Sie können sich jedoch darauf verlassen, dass wir alles tun werden, um mit der zunehmenden Anzahl von Aufträgen Schritt zu halten. Der Versand der von Ihnen bestellten Regelventile *(valves de réglage)* kann voraussichtlich in ca. 14 Tagen erfolgen.

Wir bitten Sie, diese Verzögerung zu entschuldigen und hoffen, dass sie Ihnen keine größeren Unannehmlichkeiten verursacht.

Rédigez des lettres en français d'après les indications suivantes:

d. Die Lehmann AG, Berlin, kaufte vor einiger Zeit 6 hydraulische Blechscheren *(cisailles hydrauliques)* von der Firma IRMES, Courbevoie.

Als M. Bagnier von der IRMES letzten Monat die Berliner Firma besuchte, bat ihn diese zu veranlassen, dass ihr umgehend einige Ersatzteile für die Blechscheren zugeschickt würden. M. Bagnier, der einige Tage später nach Frankreich zurückfuhr, versprach, selbst für den Versand der Teile zu sorgen.

Inzwischen sind 4 Wochen vergangen, ohne dass die Lehmann AG die Ersatzteile erhalten hat. Da von den Blechscheren bereits 3 ausgefallen sind, sandte sie der französischen Firma heute folgendes Telex:

NECESSITONS D'URGENCE
12 VALVES DE RETENUE NO 843
ET 6 BROCHES NO 755
POUR CISAILLE TYPE KL 3 MX
SALUTATIONS

Die Lehmann AG bestätigt dieses Telex und bittet die IRMES nochmals dringend, die Teile, die in der Bundesrepublik nicht zu bekommen sind, so bald wie möglich zu liefern, damit die defekten Maschinen repariert werden können und bei Auftreten weiterer Schäden Ersatzteile zur Verfügung stehen.

e. Am 10. Oktober 19.. bestellten Kelber & Messner in München 200 elektrische Rasenmäher *(tondeuses à gazon électriques)* von Antoine Lasterre & Fils, Nantes, wobei Lieferung bis Anfang März verbindlich zugesagt wurde.
Am 15. März schrieben Kelber & Messner an die französische Firma und erinnerten sie an die fällige Lieferung. Daraufhin erhielten sie einen Anruf von M. Portal, dem Verkaufsleiter von Antoine Lasterre & Fils, der versprach, dafür zu sorgen, dass die bestellten Rasenmäher bis spätestens Mitte April geliefert werden. Bis heute – 25. April – haben Kelber & Messner jedoch nichts mehr von der französischen Firma gehört. Sie wenden sich nochmals an Antoine Lasterre & Fils und beschweren sich in ziemlich scharfem Ton über den Lieferungsverzug, der für sie bereits Geschäftsausfälle zur Folge gehabt hat. Mehrere Kunden wollten nicht mehr länger warten und haben ihre Rasenmäher inzwischen bei der Konkurrenz gekauft. Kelber & Messner erwähnen ausdrücklich, dass sie frühzeitig bestellt haben, um die Rasenmäher zu Beginn des Frühjahrs zur Verfügung zu haben. Antoine Lasterre & Fils haben zweimal ein gegebenes Lieferungsversprechen nicht eingehalten. Kelber & Messner teilen daher mit, dass sie sich gezwungen sehen, die französische Firma für alle entstehenden Folgen verantwortlich zu machen, wenn die Sendung nicht bis Ende Mai in München eintrifft.

f. Die Firma Krause & Co. in Herne hat am 28. 9. Schleifscheiben *(meules)* von der DONSA in Alès bestellt. Als Lieferzeit waren 4 Wochen vereinbart. Trotz der Mahnung am 2. 11. ist die Lieferung jedoch bis heute (5. 12.) nicht erfolgt. Da inzwischen auch die Nachfrist verstrichen ist, bitten Krause & Co., ihren Auftrag zu streichen und verzichten auf Lieferung.
Die Firma war bisher mit den französischen Schleifscheiben sehr zufrieden und bedauert, dass sie sich zu einem solchen Schritt genötigt sieht. Da die Schleifscheiben jedoch dringend benötigt wurden, blieb keine andere Wahl, als sie anderweitig zu beschaffen. Abschließend erwähnen Krause & Co., dass die Nichteinhaltung des Lieferversprechens durch die französische Firma ihnen große Unannehmlichkeiten verursacht hat.

g. Die Transformatorenfabrik Herrmann & Söhne in München erhält am 29. 11. eine Bestellung von der Compagnie d'Électricité in Bangui (Hauptstadt der Zentralafrikanischen Republik). Sofort nach der Akkreditiveröffnung durch die zentralafrikanische Firma nimmt die Transformatorenfabrik die Ausführung des Auftrags in Angriff. Anfang Januar erfährt sie jedoch von ihrem Lieferanten für Transformatorenblech *(tôle pour transformateurs),* dass eine für Mitte Januar zugesagte Lieferung wegen technischer Schwierigkeiten erst Anfang Februar erfolgen kann. Die termingerechte Auslieferung der Transformatoren ist dadurch in Frage gestellt. Die Münchner Fabrik bittet die Compagnie d'Électricité, die Verlängerung des Akkreditivs bis Ende April zu veranlassen.

Réclamations

Réclamations et règlements de réclamations

1. Introduction

Réclamations. Le client adressera au fournisseur une réclamation, si:

- la marchandise livrée n'est pas conforme,
- la marchandise arrive endommagée,
- la quantité livrée ne correspond pas à celle commandée, etc.

Dans la lettre de réclamation, l'acheteur doit indiquer en détail les causes de son mécontentement. Il y indiquera en outre la date et le numéro de la commande et la date d'arrivée de l'envoi, afin de donner au fournisseur la possibilité de vérifier les documents relatifs à cette affaire. L'acheteur peut faire une proposition de règlement, mais dans la plupart des cas il attendra la prise de position du vendeur.

Si l'acheteur reçoit une marchandise complètement inutilisable, il a le droit de la renvoyer telle quelle et de demander la livraison des articles commandés.

Dans certains secteurs (p. ex. industrie automobile, articles électriques, etc.), le fournisseur garantit les articles de sa fabrication pendant une certaine période contre tout défaut de matière ou vice de fabrication, c'est-à-dire qu'il s'engage à réparer ou faire réparer tout dommage qui se présente pendant la période spécifiée et résultant d'une faute qui lui incombe.

Pour les pertes ou avaries intervenues au cours du transport, l'acheteur aura recours au transporteur ou à l'assureur.

Règlements de réclamations. Le fournisseur qui reçoit une réclamation vérifiera celle-ci très soigneusement pour s'assurer qu'elle est justifiée.

S'il se rend compte qu'elle n'est pas bien fondée, il refusera poliment de reprendre la marchandise ou d'accorder des avantages spéciaux.

Si, par contre, il constate que la réclamation est justifiée, il s'excusera et essaiera d'arriver très rapidement à un règlement en reprenant la marchandise ou en accordant une réduction sur le prix.

En règle générale, les deux parties essaieront, dans des cas litigieux, de s'arranger à l'amiable. Mais si, dans des cas extrêmes, ils n'y parviennent pas, ils doivent faire appel à un conseil d'arbitrage ou à un tribunal de commerce pour faire régler la contestation.

2. Lettres modèles

a. L'acheteur de moteurs constate des dommages de transport

Messieurs,

Nous avons reçu mercredi les 3 moteurs en V destinés aux engins porte-grue EPG 12. Malheureusement, l'amarrage des moteurs sur votre véhicule étant absolument insuffisant, ceux-ci ont reçu des chocs au cours du transport et nous sont parvenus dans un état déplorable.
C'est ainsi que presque tous les supports prévus pour le montage des accessoires tels que dynamo, démarreur, pompe de graissage, etc. ont été faussés. Nous joignons à la présente quatre photos à titre de preuve de nos constatations. Nous avons chargé nos ateliers de remettre les moteurs en état. La main-d'œuvre et les pièces de rechange nécessaires seront naturellement à votre charge.
Nous vous enverrons un relevé des frais encourus dès que les travaux seront terminés.
Veuillez agréer, Messieurs, nos salutations distinguées.
P.J.

b. Le destinataire refuse d'accepter la marchandise

Messieurs,

Nous venons de recevoir les deux wagons chargés des profilés que nous vous avions commandés le 13 janvier 19.. par bon de commande n° 7733.
Malheureusement, nous avons constaté que vous n'aviez pas tenu compte de notre avis de modification n° 317, avis par lequel nous vous signalions que la largeur des profilés devrait être de 12 cm et non pas de 11,5 cm.
Nous n'avons pas la possibilité d'utiliser les profilés livrés dans notre fabrication. Nous vous prions donc de les reprendre et de nous envoyer sans délai les profilés correspondant à notre avis de modification cité ci-dessus.
Dans l'attente de vos instructions en ce qui concerne le renvoi des deux wagons, nous vous présentons, Messieurs, nos sentiments distingués.

c. Réclamation pour manque de qualité

Messieurs,

En examinant votre envoi du 19 avril 19.., nous avons constaté que le tissu n'était pas conforme à l'échantillon qui nous avait déterminés à vous passer commande. À notre

avis, la qualité du tissu envoyé est quelque peu inférieure à celle de l'échantillon et la couleur ne correspond pas non plus.
Nous nous voyons obligés, dans ces conditions, de retourner la marchandise à vos frais, à moins que vous ne nous accordiez une remise de 25% sur le total de la facture.
Veuillez nous faire connaître votre décision par retour du courrier.
Espérant que de telles erreurs ne se reproduiront plus à l'avenir, nous vous prions d'agréer, Messieurs, l'expression de nos sentiments distingués.

---

d. Le destinataire d'une réclamation renvoie à un autre service

---

Objet: Livraison de pièces n°s 3504 et 3665

Messieurs,

Suite à votre lettre n° 28 du 13/4/19.. dans laquelle vous nous réclamez la livraison de pièces manquantes, nous vous signalons que c'est notre service «Transports» qui est chargé du contrôle quantitatif des livraisons. C'est donc lui qui est le service compétent pour vos réclamations.
Pour toutes les fournitures de la SICONA à Heinrich Müller & Co., un accord a été pris entre M. Hammer, chef de votre service «Einkauf», M. Neverre, chef de notre service «Expéditions» et M. Garretoir de notre service «Comptabilité» pour que toutes vos réclamations soient adressées à M. Laniel de notre service «Transports».
Nous pensons que ces renseignements vous permettront de pouvoir régler vos difficultés.
Veuillez agréer, Messieurs, l'expression de nos sentiments distingués.

---

e. Proposition d'un compromis

Messieurs,

Nous avons bien reçu votre demande en garantie PR 310.
Il ressort des documents joints à cette demande que le véhicule en question a déjà fait plus de 10 000 km et qu'il n'est par conséquent plus sous garantie. Nous ne sommes donc plus obligés de régler l'incident à nos frais.
Pour vous être agréables et compte tenu du fait qu'il s'agit d'un incident peu fréquent, nous sommes disposés à vous livrer gratuitement les pièces de rechange nécessaires à la réparation. La main-d'œuvre sera par contre à votre charge.
Nous avons expédié ce matin les pièces figurant sur le relevé joint en annexe et vous prions de bien vouloir nous renvoyer les pièces défectueuses.
Nous espérons vous avoir donné satisfaction et vous prions d'agréer, Messieurs, nos salutations distinguées.

---

f. Réponse à une demande en garantie

GARAGES ALBERT LAPRO

Société à responsabilité limitée au capital de 250 000 F
118, rue de l'Hôtel-de-Ville 26400 CREST

Société Mercier & Locq
9, rue Gambetta
92000 Suresnes

Notre Réf.: NT/GF
Votre Réf.: tr 205
Date: Crest, le 20 mars 19..

Messieurs,

En réponse à votre lettre du 15 mars, nous avons le plaisir de vous informer qu'un de nos techniciens se rendra lundi prochain à Suresnes pour effectuer la réparation objet de votre demande en garantie jointe à votre lettre ci-dessus mentionnée.

Nous sommes bien entendu disposés à prendre à notre charge les frais résultant de cette panne.

Espérant que cet incident ne troublera pas nos relations d'affaires, nous vous prions d'agréer, Messieurs, nos sentiments très distingués.

J.-P. Clarier

Sous-Directeur

TÉL.: 33 45 07 19
R.C.S. Valence B 705 323 748

B.P. 27
C.C.P. LYON 3306-24

g. Refus de responsabilité

Messieurs,

En réponse à votre lettre du 20 mai, nous nous permettons de vous faire observer que l'envoi en question a été effectué dans un emballage irréprochable, de sorte que nous ne pouvons pas assumer la responsabilité des avaries que vous signalez.
Nous vous prions donc de vous adresser au transporteur qui vous dédommagera sans aucun doute.
Dans l'espoir que ce fâcheux incident ne troublera pas nos relations, nous vous prions de croire, Messieurs, à nos sentiments les meilleurs.

h. Excuse pour défauts et proposition de règlement des dommages

Messieurs,

Nous nous référons à la visite que notre Directeur commercial, M. Noquin et notre Directeur technique, M. Pompin, vous ont faite le 19 courant et à l'entretien qu'ils ont eu avec MM. Graf, Züricher et Sprundt.
Nous regrettons vivement les ennuis que vous avez eus avec les compresseurs de notre fabrication.
Nous espérons que vous reconnaîtrez que notre bonne foi ne peut pas être mise en doute. En effet, étant donné le très faible encombrement que vous imposiez à nos machines, nous les avons réalisées suivant une exécution qui, nous en étions convaincus, devait résister. L'expérience a malheureusement démontré que cette exécution ne suffisait pas et notre réputation auprès de votre société risque de ce fait d'être fortement compromise.
Nous désirons faire tout notre possible pour rester fournisseurs de votre maison et pour rétablir entre nos deux sociétés une collaboration jusque-là si cordiale.
Nous acceptons donc, en tout cas, de prendre à notre charge les frais de modification en nos usines de 52 compresseurs que vous nous renverrez en 2 lots.
Nous avons noté que vous estimiez à 120 000 DM les frais que cet incident vous a occasionnés. Dans un esprit commercial et sans que cela constitue pour nous une reconnaissance de responsabilité, nous vous faisons la proposition suivante: pour vos commandes futures, votre «Einkaufsabteilung» se mettra en rapport avec notre Directeur technique, M. Pompin, afin de déterminer d'un commun accord les prix auxquels les commandes pourront normalement être passées. Nous serions disposés à vous accorder, sur les montants de ces commandes, une ristourne temporaire de 10% aussi longtemps qu'il le faudra pour vous faire finalement récupérer 120 000 DM. Cette ristourne cesserait donc d'être appliquée dès que nous aurions enregistré de votre firme des commandes pour un montant de 1 200 000 DM.
Cette proposition étant faite à titre transactionnel, elle ne pourrait être invoquée contre nous à défaut d'acceptation.

Nous espérons que vous verrez dans cette proposition notre désir de rétablir nos bonnes relations et que vous serez disposés à y répondre favorablement.
Dans l'attente de vous lire bientôt, nous vous prions de croire, Messieurs, à l'assurance de notre considération distinguée.

---

3. Phraséologie

a. Réclamations

Malheureusement, nous devons / Nous sommes dans la regrettable obligation de / Nous sommes au regret de vous informer que votre dernier envoi ne nous a pas donné satisfaction.	Zu unserem Bedauern müssen wir Ihnen mitteilen, dass Ihre letzte Sendung nicht zu unserer Zufriedenheit ausgefallen ist.
Quand nous avons ouvert la caisse qui n'était pas du tout endommagée extérieurement, nous avons constaté que 25 assiettes étaient cassées.	Beim Öffnen der Kiste, die äußerlich keine Anzeichen von Beschädigung aufwies, entdeckten wir, dass 25 Teller zerbrochen waren.
Nous avons constaté un manque de ... kg.	Wir haben ein Fehlgewicht von ... kg festgestellt.
Une partie des marchandises a été endommagée pendant le transport.	Ein Teil der Waren ist auf dem Transport beschädigt worden.
Il semble que les dommages soient dus à un emballage insuffisant.	Es scheint, dass der Schaden auf ungenügende Verpackung zurückzuführen ist.
Les échantillons prélevés sur les trois sacs vous convaincront que ma plainte est justifiée.	Die jedem der drei Säcke entnommenen Proben werden Sie davon überzeugen, dass meine Beschwerde gerechtfertigt ist.
Étant donné sa mauvaise qualité, nous ne pouvons pas utiliser la marchandise que vous avez livrée.	Wir haben für die schlechte Qualität, die Sie uns sandten, keine Verwendung.
Nous mettons les pièces endommagées à votre disposition.	Wir stellen Ihnen die beschädigten Teile zur Verfügung.
Nous garderons l'envoi jusqu'à ce que nous recevions vos instructions.	Wir werden die Sendung bei uns aufbewahren, bis wir Ihre Anweisungen erhalten.
Nous vous renvoyons le corsage afin que vous puissiez l'examiner.	Wir senden Ihnen die Bluse zur Prüfung zurück.

Nous sommes disposés à prendre les marchandises si vous nous accordez un rabais de 20% sur vos prix.

Wir sind bereit, die Waren zu behalten, wenn Sie uns eine Preisermäßigung von 20% gewähren.

Veuillez nous indiquer la réduction que vous seriez prêts à nous accorder.

Bitte teilen Sie uns die Höhe des Preisnachlasses mit, den Sie uns zu gewähren bereit sind.

Veuillez nous adresser le plus tôt possible un envoi de substitution.

Bitte senden Sie uns so bald wie möglich Ersatz für die Waren.

Veuillez nous indiquer ce que vous comptez entreprendre dans cette affaire.

Bitte teilen Sie uns mit, was Sie in dieser Sache zu tun gedenken.

Cette affaire m'a causé bien des ennuis.

Diese Angelegenheit hat mir viel Ärger bereitet.

Nous espérons que vous exécuterez à l'avenir nos commandes avec plus de soin.

Wir erwarten, dass Sie unsere Bestellungen in Zukunft mit größerer Sorgfalt ausführen werden.

Nous vous saurions gré de veiller à ce que de tels incidents ne se reproduisent plus à l'avenir.

Bitte sorgen Sie dafür, dass sich derartige Vorkommnisse in Zukunft nicht wiederholen.

b. Acceptation d'une réclamation

Nous vous sommes obligés d'avoir bien voulu nous informer des expériences que vous avez faites sur …

Wir sind Ihnen dankbar, dass Sie uns über Ihre Erfahrungen mit … berichtet haben.

… d'avoir bien voulu nous communiquer cette erreur.

…, dass Sie uns auf dieses Versehen aufmerksam gemacht haben.

À notre grand regret, nous avons appris par votre lettre du … qu'un de nos radiotéléphones achetés il y a quelques mois ne fonctionne plus.

Zu unserem Bedauern ersehen wir aus Ihrem Schreiben vom …, dass eines unserer Funktelefone, die Sie vor einigen Monaten gekauft haben, nicht mehr funktioniert.

Nous sommes prêts à échanger les marchandises contre des articles d'une autre qualité.

Wir sind bereit, die Waren gegen solche einer anderen Qualität umzutauschen.

Un nouvel envoi vous parviendra par la voie la plus rapide.

Eine neue Sendung geht Ihnen auf schnellstem Wege zu.

Nous vous envoyons … en remplacement des marchandises citées dans votre lettre du …

Wir senden Ihnen … als Ersatz für die in Ihrem Schreiben vom … erwähnten Waren.

Veuillez retourner les marchandises à nos frais.	Bitte senden Sie die Waren auf unsere Kosten zurück.
Vous trouverez ci-joint un avis de crédit concernant les marchandises renvoyées.	Anbei erhalten Sie eine Gutschrift über die zurückgesandten Waren.
Nous joignons à la présente un chèque d'un montant de ... en règlement des chemises que vous avez retournées récemment.	Anbei erhalten Sie einen Scheck über ... als Rückerstattung für die kürzlich zurückgesandten Hemden.
Pour vous épargner tout travail supplémentaire, nous signalerons nous-mêmes le dommage aux chemins de fer.	Um Ihnen zusätzliche Arbeit zu ersparen, werden wir den Schaden der Bahn melden.
Nous tenons beaucoup à ce que l'affaire soit réglée à votre entière satisfaction.	Es liegt uns sehr viel daran, die Angelegenheit zu Ihrer vollen Zufriedenheit zu regeln.
Espérant que notre proposition trouvera votre approbation, nous vous prions d'agréer, ...	Wir hoffen, dass die vorgeschlagene Regelung Ihre Zustimmung findet ...
Nous vous présentons nos excuses pour les ennuis que vous a causés cette erreur.	Wir bitten Sie, die Unannehmlichkeiten, die Ihnen durch dieses Versehen entstanden sind, zu entschuldigen.
Nous ferons tout notre possible pour éviter qu'une telle erreur se reproduise.	Wir werden alles tun, damit ein solcher Fehler nicht wieder vorkommt.

c. Refus d'une réclamation, compromis, etc.

Étant donné que l'examen n'a révélé aucun défaut de matière ou vice de fabrication, nous ne sommes pas en mesure de régler cette affaire selon votre demande.	Da die Prüfung keine Material- oder Verarbeitungsfehler ergab, sehen wir uns nicht in der Lage, die Angelegenheit Ihrem Verlangen entsprechend zu regeln.
Nous regrettons de ne pouvoir reprendre les marchandises.	Wir bedauern, dass wir die Waren nicht zurücknehmen können.
Vous comprendrez que, dans ces conditions, nous ne sommes pas responsables de la perte.	Sie werden verstehen, dass wir unter diesen Umständen nicht für den Verlust verantwortlich sind.
Dans le cas présent, nous ne pouvons pas assumer la responsabilité.	In diesem Fall können wir keine Haftung übernehmen.
Nous vous proposons de signaler le dommage à la compagnie d'assurances.	Wir möchten vorschlagen, dass Sie den Schaden der Versicherungsgesellschaft melden.

Si vous respectez nos instructions de service, la machine travaillera sans aucun doute à votre entière satisfaction.

Wenn Sie unsere Betriebsanleitung beachten, wird die Maschine sicher zu Ihrer vollen Zufriedenheit arbeiten.

Bien que la période de garantie soit déjà écoulée, nous sommes disposés à vous être agréables en effectuant gratuitement les réparations nécessaires.

Obwohl die Garantiezeit bereits abgelaufen ist, sind wir bereit, Ihnen entgegenzukommen und die notwendigen Reparaturen kostenlos durchzuführen.

Pour satisfaire les deux parties, nous vous proposons de supporter les frais à part égale avec vous.

Um beide Seiten zufriedenzustellen, schlagen wir vor, dass wir uns die Kosten teilen.

4. Exercices

Traduisez les lettres suivantes:

a. Müller & Co., Köln, an Henri Courbert, Mons (Belgien)

Die am 30. 8. bestellte Sendung Porzellanwaren kam gestern endlich am Kölner Bahnhof an.
Es stellte sich jedoch heraus, dass statt der auf der Rechnung aufgeführten 15 Kisten nur 13 geliefert wurden. Außerdem wurde beim Auspacken der Sendung festgestellt, dass ein Teil des Inhalts der Kisten 6, 7 und 9 während des Transports beschädigt wurde, da das Porzellan nicht sorgfältig genug verpackt war.
Wir müssen Sie darauf aufmerksam machen, dass wir mit der Ausführung unseres Auftrags äußerst unzufrieden sind. Erstens wurde die in Ihrer Auftragsbestätigung genannte Lieferzeit von 4 Wochen nicht eingehalten, so dass wir zweimal mahnen mussten, und zweitens ist die gelieferte Sendung unvollständig und teilweise beschädigt.
Wir bitten Sie daher dringend, uns bis zum 12. 11. die beiden fehlenden Kisten sowie Ersatz für die beschädigten Waren über die wir eine Aufstellung beilegen, zu liefern. Eine Fortsetzung unserer Geschäftsbeziehungen müssen wir von der prompten Erledigung unserer Beschwerde abhängig machen.

Anlage

b. Weiß & Co., Hamburg, an Jacques Loiret, Québec (Kanada)

Durch Ihr Schreiben vom 22. 9. haben wir erfahren, dass unsere letzte Sendung beschädigt ankam und ein Teil der Waren unbrauchbar ist.
Wir bedauern dieses Vorkommnis sehr, können jedoch kein Verschulden unsererseits feststellen, da wir wie immer auf sorgfältige Verpackung geachtet haben. Unserer Meinung nach kann der Schaden nur durch ein außergewöhnliches Ereignis entstanden sein.

Wir schlagen deshalb vor, dass Sie den Schaden unter Vorlage der Versicherungspolice, des Havarie-Zertifikats, des Konnossements und der Handelsrechnung der dortigen Vertretung der Hamburger Seeversicherungs-AG melden. Sollten Sie aber vorziehen, dass wir für Sie die Schadensmeldung in Hamburg vornehmen, so sind wir gerne dazu bereit. In diesem Falle müssten wir Sie jedoch bitten, uns die dafür erforderlichen Unterlagen zur Verfügung zu stellen. Nach der Regulierung des Schadens würden wir Ihnen eine Gutschrift erteilen.

Rédigez des lettres en français d'après les indications suivantes:

c. Schübbe & Co. in Hamburg bestellen am 15. 10. bei Simson et Malarbie, Jaunde (Kamerun), 150 Sack Kaffee, die gestern mit MS „Raja" eingetroffen sind. Sofort nach Ankunft haben Schübbe & Co. Proben entnommen und dabei festgestellt, dass der Kaffee nicht dem vorliegenden Muster entspricht. Es wurde bestenfalls mittlere Qualität und nicht, wie vereinbart, erstklassige Qualität geliefert. Außerdem wurde bei 14 Säcken Verunreinigung durch Ratten festgestellt. Schübbe & Co. haben für die Sendung keine Verwendung und bitten um Anweisung, was damit geschehen soll. Falls die Firma Simson et Malarbie dies wünscht, werden Schübbe & Co. das Gutachten eines Sachverständigen über die Qualität des gelieferten Kaffees einholen. Da Schübbe & Co. den Kaffee auf Grund des Musters bereits weiterverkauft haben, bitten sie Simson et Malarbie dringend, unverzüglich dem Muster entsprechende Ware zu liefern. Die Fa. Simson et Malarbie soll faxen, wann die Ersatzlieferung erfolgen kann.

d. Die Fa. Riess & Co. in Düsseldorf, die regelmäßig französische Stoffe von A. Larbier & Cie in Roubaix bezieht, ist mit der letzten Sendung – 10 Stück Streichgarn *(fil cardé)* Nr. 6677 – nicht zufrieden und beschwert sich bei der Lieferfirma.
Der Stoff ist zu lose gewebt und knittert leicht. Riess & Co. legen ihrem Schreiben ein Muster des beanstandeten Stoffes und zum Vergleich ein Gegenmuster des gleichen Materials aus einer früheren Lieferung bei. Der Unterschied in der Struktur der beiden Stoffe ist augenfällig. Der zuletzt gelieferte Stoff eignet sich nicht zur Verarbeitung zu Damenkostümen, da diese nach kurzer Zeit aus der Form geraten würden. Riess & Co. müssen deshalb die Sendung dem Lieferanten wieder zur Verfügung stellen. Gleichzeitig fragen sie an, ob A. Larbier & Cie kurzfristig 10 Stück Nr. 6677 von der gleichen Qualität wie das früher bezogene Material liefern können. Riess & Co. benötigen den Stoff sehr dringend, da sonst Schwierigkeiten in der Produktion eintreten. Sie hoffen, dass A. Larbier & Cie alles tun werden, um ihnen in ihrer schwierigen Lage zu helfen.

e. Während Ihres letzten Aufenthalts in Paris kauften Sie einen Gabardinemantel bei Jean-Pierre Fallois.
Nach Ihrer Rückkehr aus Frankreich nehmen Sie den Mantel zu Hause näher in Augenschein und entdecken, dass das Futter an mehreren Stellen, vor allem im linken Ärmel, Mottenschaden aufweist. Der Schaden kann unmöglich in der kurzen Zeit entstanden sein, in der Sie den Mantel besitzen. Außerdem haben Sie ihn in Frankreich fast täglich getragen. Wahrscheinlich war der Mantel, bevor Sie ihn kauften, längere Zeit unsachgemäß gelagert worden.
Sie sind nicht gewillt, die durch den Mottenfraß verursachte Wertminderung in Kauf zu nehmen und beschweren sich bei Jean-Pierre Fallois. Welche Regelung schlagen Sie vor?

f. Die Nähmaschinenfabrik Siehl & Co. in Karlsruhe bestätigt den Eingang einer Reklamation der Fa. C.N.P., Filiale Lomé (Togo), und teilt mit, dass sie die 10 von der Fa. C.N.P. eingesandten, schadhaften Elcolan-Antriebsriemen *(courroies de transmission en Elcolan)* erhalten hat.
Sie hat heute 10 neue Riemen mit Luftpost abgeschickt und bedauert die Unannehmlichkeiten, die dem Kunden entstanden sind.
Die Fabrik gibt zu, dass tropisches Klima die Festigkeit der Antriebsriemen zuweilen beeinträchtigt, macht jedoch darauf aufmerksam, dass sich derartige Schäden durch Einfetten der Riemen leicht vermeiden lassen. Die Fettschicht verhindert, dass das Material zu viel Feuchtigkeit aufnimmt und sich auflöst. Zum Einfetten soll ein gutes, säurefreies Fett, am besten Vaseline, verwendet werden.
Die Fabrik ist überzeugt, dass die neuen Riemen lange halten, wenn der Kunde diesen Rat befolgt.

g. Die Neckar Chemie AG in Mannheim schreibt ihrer französischen Vertreterfirma, Pussac et Gioni, Paris, auf eine Beschwerde über unbrauchbare Katalysator-Proben, dass die beanstandeten Katalysatoren *(catalyseurs)* 106, 216 und 312 mit großer Sorgfalt verpackt wurden und sie sich daher nicht erklären kann, wie der Schaden entstanden ist.
Wie vom Vertreter erbeten, wird die Neckar Chemie AG sofort eine weitere 5-kg-Probe jeder der drei Qualitäten absenden. Jeder Behälter wird in einem Polyäthylen-Beutel verpackt.
Die Neckar Chemie AG hofft, dass die Proben diesmal unversehrt ankommen.

h. Aufgabe im Anschluss an Brief **c.** auf Seite 114

Die Karl-Heinz Müller GmbH, Dortmund, schreibt an die Firma Georges Jaban & Cie, Angoulême, auf ihre Beschwerde, dass die Angelegenheit geprüft werde. Es hat sich dabei herausgestellt, dass für den Stoff Nr. 367 eine Farbe verwendet wurde, die sich durch unsachgemäße Lagerung chemisch leicht verändert hatte, so dass es zu einer Änderung des Farbtons gekommen war. Die Qualität des Stoffes hat darunter jedoch nicht gelitten. Eine Wertminderung ist also nicht eingetreten. Die Karl-Heinz Müller GmbH ist jedoch bereit, wegen der Farbabweichung und im Interesse einer raschen Regelung der Angelegenheit der französischen Firma für diese Sendung den gewünschten Rabatt von 25% einzuräumen.
Die Karl-Heinz Müller GmbH hat Maßnahmen getroffen, die eine Wiederholung dieses Vorkommnisses in Zukunft verhindern werden. Sie hofft, dass damit die Angelegenheit auch zur Zufriedenheit der Firma Jaban & Cie erledigt worden ist.

Lettres de rappel et de mise en demeure

Rappels et mises en demeure – Demandes de sursis de paiement – Réponses

1. Introduction

Lettres de rappel et de mise en demeure. Pour une raison ou pour une autre, le règlement d'une créance peut tarder à rentrer. Le créancier supposera d'abord qu'il s'agit d'un simple oubli de la part du débiteur et il lui enverra une lettre de rappel très polie à laquelle il joindra, le cas échéant, une photocopie ou un duplicata de la facture venue à échéance.
Si le créancier ne reçoit pas de réponse à sa première lettre de rappel, il en enverra une deuxième un peu plus catégorique.
Si cette deuxième lettre de rappel reste sans effet, le créancier en enverra une troisième dans laquelle il fixera un dernier délai, tout en annonçant qu'il sera dans l'obligation de prendre des mesures adéquates pour le cas où le débiteur ne paierait pas.
Si le créancier a l'intention de demander des dommages-intérêts en compensation des pertes ou dommages résultant du non-paiement, il mettra le débiteur en demeure par lettre recommandée. (Selon l'article 1146 du Code Civil, le créancier d'une obligation contractuelle ne peut demander des dommages-intérêts que s'il a mis le débiteur en demeure.)
Au cas où cette dernière démarche reste également sans effet, le créancier procédera à l'encaissement par commandement ou s'adressera à son avocat, afin que celui-ci essaie de recouvrer la somme due, éventuellement en ayant recours aux moyens légaux. Ces menaces de contentieux n'interviennent que 90 jours après l'échéance.
En résumé, il importe de souligner qu'aucune des lettres décrites ci-dessus ne doit être impolie, même la troisième lettre de rappel ou de mise en demeure qui, pourtant, sera rédigée de manière catégorique et formelle.

Demandes de sursis de paiement. Tout commerçant peut se trouver, temporairement, dans une situation qui ne lui permet pas de s'acquitter ponctuellement de ses obligations. Dans ce cas, il demandera au créancier un sursis de paiement (une prolongation du délai de paiement). Le créancier ne manquera pas de donner suite à cette demande, à condition que le débiteur soit un client de longue date ayant toujours fait preuve d'une loyauté parfaite.

2. Lettres modèles

a. Première lettre de rappel

Messieurs,

Veuillez trouver ci-joint photocopie de notre facture n° 31/70 en date du 28 mars 19.. qui n'a pas été réglée jusqu'à ce jour.
Nous vous prions de croire, Messieurs, à l'expression de nos sentiments distingués.
P.J.

b. Première lettre de rappel

Messieurs,

En vérifiant nos livres, nous avons constaté que nos factures n°s 3280 et 3281 des 21 et 25 juin s'élevant à 2 193 et 942 F n'ont pas été réglées.
Nous vous serions très obligés de bien vouloir nous faire parvenir le montant de 3 135 F par le moyen que vous jugerez convenable.
Veuillez agréer, Messieurs, nos sentiments les meilleurs.

c. Deuxième lettre de rappel

Objet: Notre facture n° 318, notre lettre du 15 avril

Messieurs,

Comme nous n'avons pas encore reçu de paiement en règlement de notre facture n° 318 que nous avons rappelée à votre attention par notre lettre du 15 avril, nous vous adressons ci-joint photocopie de cette facture en vous priant de bien vouloir nous faire parvenir sans délai la somme correspondante.
Veuillez agréer, Messieurs, nos salutations distinguées.
P.J.

d. Troisième lettre de rappel

Objet: Nos lettres des 5 et 23 juin

Monsieur,

Nous constatons avec surprise que, jusqu'à ce jour, nous n'avons pas reçu de réponse à nos deux lettres citées en référence.

Nous nous voyons dans l'obligation de vous fixer un dernier délai de huit jours pour le paiement de la somme ressortant du relevé de compte que nous vous avons adressé le 15 mars. Si, passé ce délai, nous n'avons pas reçu la somme en question, nous devrons recourir aux mesures prévues par la loi.
Veuillez agréer, Monsieur, nos salutations distinguées.

---

e. Mise en demeure

Objet: Nos lettres des 1er, 11 et 25 février

Messieurs,

Comme nos trois lettres de rappel citées en rubrique sont restées sans réponse, nous nous voyons obligés de vous mettre en demeure de régler la somme de 3 036 F sous huitaine. Passé ce délai, nous remettrons l'affaire à notre avocat qui prendra les mesures adéquates.
Veuillez agréer, Messieurs, nos salutations distinguées.

---

f. Le débiteur s'excuse d'un retard dans le paiement

Monsieur,

Nous accusons réception de votre lettre du 11 ct et vous en remercions.
Ci-joint, vous trouverez un chèque se montant à 1 240 F en règlement de votre facture n° 19.
En vous priant de bien vouloir nous excuser du retard dû à une erreur de notre Service Exportation, nous vous adressons, Monsieur, nos meilleurs sentiments.
P. J.

---

g. Le débiteur demande un sursis de paiement

Messieurs,

J'accuse réception de votre facture n° 118 s'élevant à 3 427,35 F.
À mon grand regret, je me vois obligé, à cause de l'actuelle récession économique, de vous demander un délai de 4 semaines pour le règlement de cette somme.
Comme j'ai toujours ponctuellement réglé mes obligations, je suis sûr que vous ne manquerez pas de m'accorder ce délai.
Vous remerciant à l'avance de votre obligeance, je vous prie de croire, Messieurs, à l'expression de mes sentiments distingués.

---

h. Troisième lettre de rappel

**Manufacture Générale
d'emballages métalliques
et d'ustensiles de ménage
découpage - emboutissage**

*ANCIENNE MAISON VINCENT LAUGIER
FONDÉE EN 1870*

ÉTABLISSEMENTS

LAUGIER FRÈRES

LF
Marque Déposée

102, RUE CARRETERIE
84000 AVIGNON
R.P. VAUCLUSE 180
TÉLÉPHONE: 81 02 77 88
R.C.S.AVIGNON A 314 720 24

Monsieur Pantelouse
17, rue Paul Mirieux
21300 Selongey

Avignon, le 16 juin 19..

Objet: Nos lettres des 11 et 29 mai

Monsieur,

À notre grand regret, nous constatons que nos lettres susmentionnées sont restées sans effet jusqu'à ce jour.

Comme nous devons nous-mêmes faire face ponctuellement à nos engagements, nous ne sommes pas en mesure d'attendre plus longtemps le règlement de notre facture n° 7767 se montant à 4 101 F.

Nous vous prions de bien vouloir solder cette facture dans le délai de huit jours. Autrement nous nous verrons dans l'obligation de prendre des mesures appropriées pour recouvrer la somme indiquée ci-dessus, ce qui nous serait extrêmement désagréable.

Veuillez agréer, Monsieur, nos salutations distinguées.

G. LUTTEL

C.C.P. AVIGNON 321-72 SIRET 481 106 372 80216 Télex: 52 788 LAU-AVI Fax: 81 34 13 75

i. Le créancier refuse un sursis de paiement

Céramique **CEPOC** **Porcelaine**

Saint-Étienne

S.A.R.L. au capital de 400 000 F

Adresse postale:
Monsieur le Directeur de
CEPOC
5, place de la Victoire
42000 Saint-Étienne

Tél.: 42. 40. 30. 56
Télex: 22.713 Sté-poc
Télécopie: 42. 40. 20. 21
C.C.P. Saint-Étienne 39-15

R.C.S. Saint-Étienne B 336 521 153

Ets Potot & Cie
93, avenue des Ternes
75011 Paris

Saint-Étienne, le 8 avril 19..

Messieurs,

Nous avons bien reçu votre lettre du 5 avril et vous en remercions.

À notre grand regret, nous ne pouvons pas vous accorder un sursis de paiement supplémentaire, car nous devons nous-mêmes faire face à de fortes échéances d'ici la fin du mois.

Par conséquent, nous vous prions de bien vouloir régler la facture en question sans délai par le moyen qui vous conviendra.

Espérant que vous comprendrez notre attitude, nous vous prions d'agréer, Messieurs, nos salutations distinguées.

Le Chef du Service Comptabilité

B. GRAND

j. Le débiteur propose un paiement partiel

Monsieur,

Je vous remercie de votre lettre en date du 3 septembre dans laquelle vous me rappelez le règlement de votre facture n° 718 d'un montant de 5 190 DM.
Ayant subi une perte importante à la suite de la faillite d'un de mes clients, il ne m'est pas possible de vous virer le montant total ci-dessus indiqué. Je vous prie, par conséquent, d'accepter la proposition suivante:
Je virerai à votre compte à la Städtische Sparkasse, Rosenheim, la somme de 3 000 DM dans un délai de huit jours.
Quant au solde de 2 190 DM, je suis prêt à accepter une traite à 60 jours de vue que je ne manquerai pas d'honorer au moment de l'échéance.
Espérant que vous comprendrez mes difficultés, je vous prie d'agréer, Monsieur, mes sentiments les meilleurs.

k. Le créancier accorde un sursis de paiement

Monsieur,

J'accuse réception de votre lettre du 11 janvier dans laquelle vous me demandez un sursis de paiement.
Étant donné que vous vous êtes toujours acquitté ponctuellement de vos obligations, je suis disposé à accepter votre demande de prolongation du délai de paiement pour ma facture n° 333 d'un montant de 4 284 F.
Veuillez agréer, Monsieur, mes meilleures salutations.

l. Le créancier refuse la demande du débiteur tout en faisant une contreproposition

Monsieur,

J'accuse réception de votre lettre n° 1620 du 13 février et vous en remercie.
Étant donné la situation très tendue sur le marché des capitaux français, je suis au regret de ne pouvoir accepter un délai de 2 mois pour le règlement de ma facture en date du 11 septembre, d'autant plus que le marché avait été conclu sous condition d'un paiement comptant.
Toutefois, pour vous être agréable et afin de vous témoigner ma bonne volonté, je suis prêt à tirer sur vous une traite à 30 jours que je joins à la présente en vous demandant de bien vouloir la renvoyer dûment acceptée.
Espérant que vous accepterez ma proposition, je vous prie d'agréer, Monsieur, l'assurance de mes meilleurs sentiments.
P.J.

m. Le débiteur remercie le créancier d'avoir accordé le sursis demandé

Monsieur,

J'accuse réception de votre lettre du 14 ct et vous en remercie vivement.
Je vous suis très obligé d'avoir bien voulu m'accorder un sursis de 4 semaines pour le règlement de votre facture n° 16312.
Je vous assure que le règlement s'effectuera promptement à l'expiration de ce sursis.
Vous remerciant encore une fois, je vous prie d'agréer, Monsieur, mes salutations empressées.

3. Phraséologie

a. Rappel

Nous aimerions attirer votre attention sur notre facture du ... qui était payable il y a déjà ... semaines.	Wir möchten Sie auf unsere Rechnung vom ... aufmerksam machen, die bereits vor ... Wochen fällig war.
... qui a probablement échappé à votre attention.	... die wahrscheinlich Ihrer Aufmerksamkeit entgangen ist.
Il semble que vous ayez oublié notre relevé de compte pour le mois de juin.	Anscheinend haben Sie unseren Kontoauszug für den Monat Juni übersehen.
Permettez-nous de vous rappeler les factures suivantes en suspens: ...	Dürfen wir Sie daran erinnern, dass die folgenden Rechnungen noch nicht beglichen sind: ...
En vérifiant nos livres, nous avons constaté que votre compte présente toujours un solde de ... en notre faveur.	Bei Durchsicht unserer Bücher stellten wir fest, dass auf Ihrem Konto noch ein Saldo von ... offen steht.
Permettez-moi de vous rappeler, en toute amitié, que notre facture n° ... est venue à échéance.	Ich möchte Sie nur freundlich daran erinnern, dass unsere Rechnung Nr. ... fällig ist.
Au cas où vous auriez déjà envoyé votre chèque, nous vous en remercions et vous prions de considérer cette lettre comme nulle.	Wenn Sie Ihren Scheck bereits abgeschickt haben, danken wir Ihnen bestens und bitten Sie, dieses Schreiben als gegenstandslos zu betrachten.

b. Demande de paiement

Nous vous saurions gré de bien vouloir régler notre facture sans délai.	Für baldigen Ausgleich unserer Rechnung wären wir Ihnen dankbar.

Nous serions heureux de recevoir votre paiement au cours des prochains jours.	Wir würden uns freuen, Ihre Zahlung in den nächsten Tagen zu erhalten.
Veuillez effectuer le paiement sans tarder.	Wir müssen Sie bitten, die Zahlung unverzüglich vorzunehmen.
Nous n'avons pas encore reçu de réponse à notre lettre du ..., et le règlement de notre facture n'a pas été effectué non plus.	Auf unser Schreiben vom ... haben wir noch keine Antwort erhalten. Auch ist bisher noch keine Zahlung eingegangen.
Nous ne pouvons pas nous expliquer pourquoi vous n'avez pas répondu à notre lettre du ...	Wir können uns nicht erklären, warum Sie unser Schreiben vom ... unbeantwortet ließen.
Bien que nous ayons à plusieurs reprises réclamé le règlement de la facture venue à échéance depuis un certain temps, nous n'avons pas encore reçu de réponse de votre part.	Obwohl wir mehrmals um Zahlung der seit längerer Zeit fälligen Rechnung gebeten haben, haben wir noch keine Antwort von Ihnen erhalten.
Il semble que vous n'ayez pas le désir de régler cette affaire à l'amiable, car vous n'avez pas tenu compte de nos lettres.	Anscheinend sind Sie nicht daran interessiert, die Angelegenheit gütlich zu regeln, da Sie unsere Schreiben unbeachtet gelassen haben.
Vous n'avez pas jugé nécessaire de répondre à nos demandes de paiement répétées.	Sie haben es nicht für nötig gehalten, auf unsere wiederholten Zahlungsaufforderungen zu antworten.
C'est notre dernier avertissement.	Das ist unsere letzte Mahnung.
Nous devons insister sur un règlement avant le... Autrement nous tirerons sur vous une traite à vue s'élévant au montant en question.	Wir müssen auf Zahlung bis ... bestehen. Andernfalls werden wir über den fälligen Betrag einen Sichtwechsel auf Sie ziehen.
Nous regrettons de vous informer que nous devons arrêter toutes nos livraisons adressées à votre maison jusqu'à ce que votre compte soit réglé.	Wir bedauern, Ihnen mitteilen zu müssen, dass wir alle weiteren Lieferungen an Sie einstellen müssen, bis Ihr Konto ausgeglichen ist.
Si le paiement ne nous parvient pas d'ici le ..., nous regrettons d'être obligés de prendre sans délai les mesures nécessaires au recouvrement de la somme due.	Falls die Zahlung nicht bis zum ... eingeht, sehen wir uns zu unserem Bedauern gezwungen, unverzüglich Schritte zur Einziehung des fälligen Betrages zu unternehmen.
... nous ferons recouvrer le montant par une agence d'encaissement.	... werden wir den Betrag durch eine Inkassofirma einziehen lassen.

… nous nous voyons obligés d'avoir recours aux moyens légaux pour recouvrer notre créance.

… sind wir gezwungen, gerichtliche Schritte zu unternehmen / die Forderung auf gerichtlichem Wege einzutreiben.

… nous chargerons notre avocat d'intenter une action.

… werden wir unseren Anwalt beauftragen, Klage zu erheben.

c. Réponse du débiteur – Demande de prolongation du délai de paiement

Nous accusons réception de votre lettre du … et regrettons que vous ayez dû nous rappeler le règlement de votre facture n° …	Wir haben Ihr Schreiben vom … erhalten und bedauern, dass es notwendig war, uns an die Erledigung Ihrer Rechnung Nr. … zu erinnern.
Veuillez excuser ce retard dû au fait que votre facture s'était trouvée égarée.	Bitte entschuldigen Sie die Verzögerung, die darauf zurückzuführen ist, dass Ihre Rechnung verlegt worden war.
La faillite inattendue d'un de nos clients nous a causé une perte considérable.	Der unerwartete Konkurs eines unserer Kunden hat uns beträchtliche Verluste verursacht.
Nous nous heurtons à de grandes difficultés lors du recouvrement de nos créances.	Wir haben große Schwierigkeiten beim Einzug unserer Außenstände.
La marche des affaires s'est ralentie au cours des derniers mois.	Während der letzten Monate hat sich der Geschäftsgang verschlechtert.
Le marasme saisonnier des affaires nous a temporairement placés dans une situation financière difficile.	Die jahreszeitlich bedingte Flaute hat uns vorübergehend in finanzielle Verlegenheit gebracht.
Nous espérons fermement pouvoir régler votre facture d'ici le 15 juin.	Wir hoffen bestimmt, dass wir Ihre Rechnung bis zum 15. Juni begleichen können.
Nous vous prions de bien vouloir tirer sur nous une deuxième traite à 60 jours d'un montant de …, plus …% d'intérêts.	Wir bitten Sie, einen zweiten 60-Tage-Wechsel über … zuzüglich …% Zinsen auf uns zu ziehen.
Si vous nous rendez ce service, nous vous promettons d'honorer la traite à l'échéance.	Wenn Sie uns diesen Gefallen erweisen, können Sie sich darauf verlassen, dass wir Ihre Tratte bei Fälligkeit einlösen werden.
Nous espérons que vous apporterez toute votre compréhension à notre situation difficile.	Wir hoffen, dass Sie für unsere schwierige Lage Verständnis haben werden.

d. Acceptation ou refus d'une prolongation

Comme vous avez promptement réglé vos factures jusqu'ici, nous sommes disposés à vous accorder le sursis demandé.

Da Sie Ihre Rechnungen stets prompt beglichen haben, sind wir bereit, Ihnen den erbetenen Zahlungsaufschub zu gewähren.

Si vous envoyez un chèque de la moitié du montant de la facture, nous tirerons pour le solde une traite à 60 jours de vue sur vous.

Wenn Sie uns einen Scheck über die Hälfte des Rechnungsbetrages senden, ziehen wir auf Sie für den Restbetrag einen Wechsel per 60 Tage Sicht.

Après examen approfondi des indications contenues dans votre lettre du ..., nous sommes d'accord pour une prolongation de la traite d'un mois.

Nach sorgfältiger Prüfung der in Ihrem Schreiben vom ... gemachten Ausführungen sind wir mit einer Prolongation des Wechsels um 1 Monat einverstanden.

Devant faire face à des obligations financières importantes, nous ne pouvons malheureusement pas donner suite à votre demande de prolongation de la traite venant à échéance le ...

Da wir beträchtliche Zahlungsverpflichtungen erfüllen müssen, ist es uns nicht möglich, Ihrer Bitte um Prolongation des am ... fälligen Wechsels zu entsprechen.

Bien que nous comprenions votre situation difficile, nous ne pouvons pas accepter que vous différiez de nouveau le règlement de cette facture.

Obwohl wir für Ihre schwierige Lage Verständnis haben, können wir Ihnen nicht gestatten, die Zahlung dieser Rechnung noch länger hinauszuschieben.

Nous croyons avoir fait preuve d'assez de patience, mais nous ne pouvons pas attendre plus longtemps.

Wir glauben, erhebliche Geduld gezeigt zu haben, können jetzt aber nicht länger zuwarten.

Nous nous voyons malheureusement dans l'impossibilité de vous faire d'autres concessions au sujet de cette affaire.

Zu unserem Bedauern sehen wir keine Möglichkeit, Ihnen in dieser Angelegenheit noch weiter entgegenzukommen.

4. Exercices

Traduisez les lettres suivantes:

a. Becker & Sohn, München, an Pierre Osmond, Dole

Dürfen wir Sie daran erinnern, dass unsere Rechnung vom 8. 7. bereits vor über einem Monat fällig war? Unsere Bank hat uns heute auf unsere Anfrage mitgeteilt, dass bisher noch keine Überweisung von Ihnen eingegangen ist.
Es kann natürlich vorkommen, dass eine Rechnung übersehen wird. Nachdem wir Sie jedoch jetzt auf diese Angelegenheit aufmerksam gemacht haben, sind wir sicher, dass sie die Zahlung umgehend vornehmen werden.

Haben Sie schon daran gedacht, sich für das Weihnachtsgeschäft einzudecken? Mit gleicher Post lassen wir Ihnen unseren neuesten Katalog für mechanische Spielwaren zugehen. Da mit einer großen Nachfrage nach unseren Neuheiten zu rechnen ist, können wir unseren Kunden rechtzeitige Lieferung nur dann garantieren, wenn sie ihre Bestellungen so frühzeitig wie möglich aufgeben.
Wir würden uns freuen, bald von Ihnen zu hören.

b. Schultze & Co., Mannheim, an Jacqueline Prives, Paris

Wir haben Ihr Schreiben vom 6. 2. erhalten und bedauern sehr, dass es uns bisher nicht möglich war, Ihre Rechnung zu begleichen.
Der unerwartete Konkurs eines unserer Kunden hat uns große Unannehmlichkeiten bereitet. Außerdem war der Absatz in den letzten Wochen sehr gering, so dass es uns nicht leicht fiel, unsere laufenden Ausgaben zu bestreiten. Es bleibt uns deshalb nichts anderes übrig, als Sie um einen Monat Aufschub zu bitten. Das Geschäft ist gegenwärtig etwas besser und dürfte sich in Zukunft noch weiter beleben.
Wir wären Ihnen für Ihr Entgegenkommen sehr dankbar und sind überzeugt, dass es uns gelingen wird, unsere Verpflichtungen innerhalb der nächsten 4 Wochen zu erfüllen.

Rédigez des lettres en français d'après les indications suivantes:

c. Eisele & Breuer in Stuttgart haben am 5. 4. Drucker *(imprimantes)* an Fraquel & Fils, Paris, geliefert. Die Zahlung des Rechnungsbetrags (21840 Franc) sollte vereinbarungsgemäß innerhalb von 30 Tagen nach Ausstellung der Rechnung erfolgen. Da am 5. 6. noch keine Überweisung eingegangen ist, erinnern Eisele & Breuer die Pariser Firma an die fällige Zahlung.
Die Zahlungserinnerung bleibt unbeantwortet. Eisele & Breuer schreiben daher am 26. 6. nochmals an Fraquel & Fils und fragen an, wann sie mit der Zahlung rechnen können. Wenn die französische Firma irgendwelche Schwierigkeiten hat, so soll sie dies mitteilen, damit eine für beide Teile zufriedenstellende Lösung gefunden werden kann.
Fraquel & Fils reagieren auch auf das zweite Schreiben nicht. Am 17. 7. wenden sich Eisele & Breuer ein drittes Mal an diese Firma. Sie sind sehr enttäuscht darüber, dass sie bisher weder eine Überweisung noch eine Antwort auf ihre beiden Zahlungsaufforderungen erhalten haben, um so mehr, als sie sich in ihrem letzten Schreiben bereit erklärten, der französischen Firma entgegenzukommen, falls sie augenblicklich in Schwierigkeiten sein sollte. Eisele & Breuer müssen daher Fraquel & Fils bitten, ihr Konto bis 31. 7. auszugleichen. Falls die Zahlung bis dahin nicht eingegangen ist, werden sie den ausstehenden Betrag zuzüglich Zinsen und Kosten über die Bankverbindung der Pariser Firma mittels Sichttratte einziehen lassen.
Da am 1. 8. immer noch keine Zahlung eingegangen ist, ziehen Eisele & Breuer einen Sichtwechsel auf Fraquel & Fils und übergeben diesen zusammen mit den notwendigen Unterlagen der Stuttgarter Bank mit der Bitte um Weiterleitung an die B.N.C.I. in Paris. Gleichzeitig senden sie eine kurze Benachrichtigung an Fraquel & Fils und fordern die Firma auf, den Wechsel, der ihr in ein paar Tagen vorgelegt wird, prompt einzulösen.

Nach etwa 14 Tagen teilt die Stuttgarter Bank Eisele & Breuer mit, dass Fraquel & Fils die Einlösung des von der B.N.C.I. vorgelegten Sichtwechsels verweigert haben. Eisele & Breuer übergeben daher die Angelegenheit dem Pariser Anwalt Maître J. Duclos, der schon in mehreren Fällen ihre Interessen in Frankreich vertreten hat. Gleichzeitig teilen Eisele & Breuer der Firma Fraquel & Fils mit, dass sie ihren Anwalt beauftragt haben, die Forderung auf dem Klageweg einzuziehen.

d. Krämer & Pasetti in Augsburg haben von Parson & Cie in Bordeaux keine Antwort auf ihre wiederholten Zahlungsaufforderungen erhalten. Auf dem Konto der französischen Firma steht seit etwa 3 Monaten ein Betrag von 5600 Franc offen.
In einem weiteren Schreiben machen Krämer & Pasetti die Firma Parson & Cie darauf aufmerksam, dass sie bei ihren äußerst knapp kalkulierten Exportpreisen auf prompten Eingang ihrer Außenstände bedacht sein müssen. Sie haben der französischen Firma nur unter der Voraussetzung offenes Ziel eingeräumt, dass die Zahlungen pünktlich erfolgen.
Da Parson & Cie jetzt jedoch mit ihren Zahlungen beträchtlich im Rückstand sind, müssen Krämer & Pasetti – falls die französische Firma nicht umgehend für den Ausgleich ihres Kontos sorgt – bei allen weiteren Lieferungen auf Zahlung per Nachnahme bestehen.

e. Nagel & Söhne in München erhalten ein Schreiben der Firma SATAS, Brest, in dem diese eine seit ca. 6 Wochen fällige Rechnung in Höhe von 1915,50 Franc anmahnt.
Mitte April wurden einige Abteilungen der Münchener Firma, darunter auch die Buchhaltung, in einen neu errichteten Erweiterungsbau verlegt. Als Folge der Umzugsarbeiten wurde die Rechnung der SATAS übersehen. Sofort nach Eingang der Zahlungserinnerung beauftragen Nagel & Söhne ihre Bank, die Bayerische Hypotheken- und Wechselbank, den Betrag an die Société Générale, Brest, zu überweisen und bitten die SATAS in einem höflichen Schreiben, die Verzögerung zu entschuldigen.

Demandes d'emploi

1. Introduction

Aucune lettre commerciale ne possède pour l'auteur une importance plus grande que celle de la demande d'emploi. Son avenir professionnel en dépend dans une large mesure.
C'est pour cette raison qu'il faut apporter un soin particulier à la rédaction d'une demande d'emploi, qui contiendra en général:
- la mention de la manière (lecture d'une annonce ou indications d'une personne) dont on a appris qu'un poste était vacant,
- un curriculum vitae indiquant surtout les formations générale et professionnelle du candidat, les emplois qu'il a occupés et les connaissances professionnelles qu'il a acquises,
- le cas échéant, la raison du désir de changement de poste, et
- des références.

Le curriculum vitae peut être joint sur feuille séparée. Si besoin est, le demandeur joindra une copie des diplômes et certificats pouvant intéresser l'employeur ainsi qu'une photographie.
Nombre d'entreprises envoient au candidat un questionnaire imprimé ou photocopié en lui demandant de le remplir et de le renvoyer au chef du service du personnel (aujourd'hui: le Directeur des Ressources humaines).

2. Lettres modèles

a. Demande d'emploi

Messieurs,

Votre annonce parue dans un quotidien français de ce jour a retenu mon attention. Je me permets donc de poser ma candidature pour le poste que vous offrez au sein de votre société. Vous trouverez ci-joint mon curriculum vitae et tous les certificats qui pourraient vous intéresser. Si vous avez besoin de renseignements supplémentaires, je me tiens à votre disposition pour vous les fournir par retour du courrier. Cet emploi m'intéresse d'autant plus que j'ai déjà travaillé pendant six mois à Marseille et que je souhaite y retourner pour m'y installer définitivement.
Dans l'attente de votre réponse, je vous prie d'agréer, Messieurs, mes salutations respectueuses.
P.J.

---

b. Demande d'emploi

Jeannette Mercier
17, rue Pierre Boudon
21 000 Dijon

Dijon, le 22 mai 19..

Monsieur le Directeur
des Établissements SONOC
6, avenue Fontenac
87 000 Limoges

Monsieur le Directeur,

Me référant à votre annonce parue dans le Monde du ..., je me permets de solliciter le poste de traductrice.
Je suis particulièrement attirée par les travaux de traduction commerciale qui correspondent à la formation que j'ai suivie pendant quatre ans. En effet, je viens de terminer mes études et j'ai obtenu le diplôme de traductrice-interprète.
Pendant les vacances scolaires, j'ai occupé à deux reprises des emplois intérimaires que j'ai assumés avec plaisir. L'an dernier, j'ai suivi un stage de deux mois dans une entreprise allemande d'import-export à Munich.
Mon curriculum vitae ci-joint vous fournira les principaux renseignements concernant ma formation et mon expérience. Je souhaiterais que vous m'accordiez un entretien au jour et à l'heure vous convenant.
J'espère qu'il vous sera possible de donner une suite favorable à ma demande.
Veuillez croire, Monsieur le Directeur, à l'assurance de ma considération distinguée.

c. Curriculum vitae synoptique

Nom: Darrieux
Prénom: Jean-Pierre
Date et lieu de naissance: 2 octobre 19.. à Saintes (Charente-Maritime)
Nationalité: française
Adresse actuelle: 57, boulevard des États-Unis, 89140 Pont-sur-Yonne
Situation de famille: célibataire

Études – Formation
Études secondaires: B.E.P.C. obtenu en 19..
Cours du soir: commerce – comptabilité
Cours par correspondance: droit commercial
Langue étrangère: 6 années d'études d'allemand au lycée

Expérience professionnelle
Employé de bureau, aide-comptable, correspondancier commercial.
J'ai quitté mon dernier employeur de mon plein gré pour aller suivre en Allemagne un stage destiné à perfectionner mes connaissances en allemand.
Je suis libre de tout engagement puisque je suis rentré d'Allemagne au cours du mois de mai 19..

d. Réponse à une demande d'emploi et envoi d'un questionnaire[1]

Objet: Votre candidature

Monsieur,

Nous vous remercions de la candidature que vous nous avez soumise et qui a retenu notre attention.
Pour nous permettre de prendre une décision à votre sujet, nous vous prions de nous retourner le questionnaire ci-joint, accompagné de 2 photos, d'un curriculum vitae manuscrit et des diplômes que vous possédez.
Veuillez agréer, Monsieur, l'expression de nos sentiments distingués.
P.J.

e. Réponse évasive à une demande d'emploi

Mademoiselle,

Nous accusons réception de votre lettre du 11 juin dernier.
Nous prenons bonne note de votre candidature et, au cas où nous aurions un emploi susceptible de vous convenir, nous reprendrons contact avec vous immédiatement.
Nous vous prions d'agréer, Mademoiselle, nos salutations distinguées.

[1] Siehe Seite 139.

f. Questionnaire imprimé

INTER EMPLOI

Les quelques questions qui suivent ont pour objet de nous permettre d'étudier votre candidature. Nous vous remercions de bien vouloir y répondre complètement.

- Quelle est votre qualification professionnelle?
- Combien de temps avez-vous travaillé dans cette qualification?
- Quelle est la date de votre dernier certificat de travail?
- Avez-vous exercé d'autres métiers?
- En quelle classe avez-vous terminé ou interrompu vos études?
- Avez-vous reçu une formation professionnelle? OUI - NON
- C.A.P. ou diplômes techniques obtenus:
- Jusqu'à quand êtes-vous disponible?
- Mis à part les congés annuels, souhaitez-vous vous arrêter de travailler à certaines périodes? OUI - NON
- Si OUI, lesquelles?
- Comment avez-vous connu Interemploi?

Relations - Publicité - Petites annonces

NOM:

Prénom:

Date de naissance:

Adresse:

Issue de l'entretien:

Reçu par Date:

RÉFÉRENCES PROFESSIONNELLES • Remplir ce tableau en commençant par l'emploi le plus récent

ENTREPRISES NOMS ET ADRESSES	DATES	EMPLOIS EXERCÉS
	du au	qualification: travail effectué:
	du au	qualification: travail effectué:
	du au	qualification: travail effectué:

OBSERVATIONS

3. Phraséologie

a. Formules d'introduction

Suite à / Me référant à / En référence à votre annonce parue dans ..., je me permets de poser ma candidature pour une place de sténodactylo.	Ich beziehe mich auf Ihre Anzeige in ... und möchte mich um die Stelle einer Stenotypistin bewerben.
J'ai lu dans le «Figaro» de ce matin que vous cherchez une secrétaire ayant de bonnes connaissances en anglais.	Dem „Figaro" von heute Morgen entnehme ich, dass Sie eine Sekretärin mit guten Englischkenntnissen suchen.
J'ai appris par M. Brun qu'un emploi de secrétaire bilingue sera vacant dans votre bureau au cours du mois de mai.	Von Herrn Brun habe ich erfahren, dass im Laufe des Monats Mai in Ihrem Büro die Stelle einer zweisprachigen Sekretärin frei wird.
... que vous recherchez une démonstratrice expérimentée.	... dass Sie eine erfahrene Vorführdame suchen.

b. Études-Formation

J'ai obtenu le B.E.P.C. en 19..	Im Jahre 19.. erhielt ich das B.E.P.C. (Brevet d'études du premier cycle = etwa mittlere Reife).
J'ai suivi mes études secondaires et obtenu mon baccalauréat en 19..	Ich besuchte die Höhere Schule und bestand 19.. das Abitur.
Je suis bachelier (bachelière) depuis 19..	Im Jahre 19.. bestand ich das Abitur.
De septembre 19.. à juin 19.., j'ai suivi un cours du soir afin de perfectionner mes connaissances en comptabilité.	Zur Vervollkommnung meiner Buchführungskenntnisse besuchte ich von September 19.. bis Juni 19.. einen Abendkurs.
Afin d'apprendre la sténographie allemande, je me suis inscrite à un cours par correspondance que j'ai terminé au mois de mars 19..	Um deutsche Stenografie zu erlernen, meldete ich mich zu einem Fernkurs an, den ich im März 19.. abschloss.
Je me suis inscrit en 19.. à la faculté de droit de l'Université de Lille.	Im Jahre 19.. immatrikulierte ich mich an der Universität Lille für die juristische Fakultät.
J'ai fait mon apprentissage dans une maison très renommée de Paris.	Ich legte meine Lehre in einer sehr bekannten Pariser Firma ab.

c. Qualifications et expérience

Au cours de mon apprentissage chez ..., j'ai acquis de bonnes connaissances de comptabilité.	Während meiner Lehrzeit bei ... eignete ich mir gute Buchhaltungskenntnisse an.
Je possède des diplômes de sténo et de dactylographie allemandes.	Ich besitze Diplome für deutsche Kurzschrift und deutsches Maschinenschreiben.
Je suis parfaitement au courant des procédures d'exportation.	Ich bin mit dem Exportverfahren bestens vertraut.
Je connais très bien l'espagnol et suis donc en mesure de me charger de la correspondance espagnole.	Auf Grund meiner sehr guten Spanischkenntnisse bin ich in der Lage, spanische Korrespondenz zu erledigen.
Je parle couramment l'anglais et j'ai de bonnes connaissances en italien.	Ich spreche fließend Englisch und habe gute Italienischkenntnisse.
J'ai cinq ans d'expérience dans la vente d'appareils électriques.	Ich habe eine fünfjährige Erfahrung im Verkauf von elektrischen Geräten.

d. Raisons du désir de changement de poste

J'aimerais changer de poste parce qu'une maison de votre importance m'offrira de meilleures possibilités.	Ich suche mich zu verändern, weil mir eine Firma Ihrer Größe bessere Möglichkeiten bietet.
Je désire un changement de poste car celui que j'occupe actuellement ne m'offre pas la possibilité d'accéder à des travaux comprenant plus de responsabilités.	Ich möchte mich verändern, da mir meine jetzige Stelle nicht die Möglichkeit bietet, eine verantwortungsvollere Tätigkeit zu übernehmen.
J'aimerais faire un stage en Allemagne afin de perfectionner mes connaissances en allemand.	Ich möchte in Deutschland eine Volontärzeit machen, um meine Deutschkenntnisse zu verbessern.
Mes parents devant s'installer à Bordeaux, je cherche dans cette ville un emploi qui me convienne.	Da meine Eltern nach Bordeaux ziehen, suche ich dort eine geeignete Stelle.

4. Exercices

Traduisez la lettre suivante:

a. Unter Bezugnahme auf Ihre gestrige Anzeige in der „Frankfurter Allgemeinen Zeitung" möchte ich mich um die ausgeschriebene Stelle einer Fremdsprachensekretärin bewerben.
Ich bin 22 Jahre alt und ledig. Im Juni 19.. habe ich in München das Abitur gemacht und anschließend in einem Jahreskurs der Handelsschule Maier kaufmännische Grundkenntnisse erworben. Nach einem einjährigen Aufenthalt in Frankreich als Au-pair-Hilfe begann ich mein Sprachstudium am Fremdspracheninstitut, München. Von August 19.. bis Februar 19.. unterbrach ich meine dortige Ausbildung, da ich die Möglichkeit hatte, im Pariser Anwaltsbüro Grey & Leutrie als Aushilfskraft zu arbeiten. Während dieser Zeit machte ich mich mit den üblichen Büroarbeiten vertraut und hatte zudem Gelegenheit, meine französischen Stenografie- und Schreibmaschinenkenntnisse anzuwenden. Nach meiner Rückkehr nach München setzte ich mein Studium am Fremdspracheninstitut fort und legte im Februar 19.. die Wirtschaftskorrespondentenprüfung für Französisch mit gutem Erfolg ab. Während meiner Ausbildungszeit habe ich meine Englischkenntnisse in Abendkursen erweitert.
Von ... bis ... werde ich mich bei Freunden meiner Eltern in London aufhalten und könnte dann frühestens am ... die Stelle antreten. Einen handgeschriebenen Lebenslauf, Zeugnisabschriften, Referenzen und Passbild lege ich diesem Schreiben bei. Ich suche eine sprachlich interessante und verantwortungsvolle Tätigkeit und würde mich freuen, wenn Sie mir Gelegenheit zu einer persönlichen Unterredung gäben.

Anlagen

Rédigez des lettres en français d'après les indications suivantes:

b. Bewerben Sie sich auf eine der folgenden Anzeigen:

Importante Société en pleine expansion

recherche pour la Direction Générale de sa succursale de Munich

SECRÉTAIRE DE DIRECTION
BILINGUE
(allemand et français)
Expériences industrielles exigées.
Avantages sociaux importants.
Adresser lettre manuscrite, photo et curriculum vitae au

Service du Personnel
75, bd de Sébastopol · 75001 Paris

SUBMIT

recherche pour son Service Traductions de Francfort

TRADUCTEURS TECHNIQUES

connaissant parfaitement

français et allemand

Écrire Service du Personnel de SUBMIT

Succursale de Francfort
Kurt-Schumacher-Str. 56
D-60325 Frankfurt/Main

Industrieunternehmen in Stuttgart sucht

FREMDSPRACHENKORRESPONDENTIN

Sie sollte die französische Korrespondenz nach deutschem Text oder Stichworten führen können. Bewerbungen (deutsch und französisch) mit Lichtbild, tabellarischem Lebenslauf, Zeugnisabschriften, Gehaltswünschen und Angabe des frühestmöglichen Eintrittsdatums unter
AKL 108763 an die Süddeutsche Zeitung

c. In der heutigen Nummer der „Süddeutschen Zeitung" finden Sie eine Anzeige der Bayerischen Metallwerke AG. Die Firma sucht eine Korrespondentin für Französisch, die in der Lage ist, selbstständig zu arbeiten. Bewerbungen sind in französischer Sprache einzureichen.
Sie bewerben sich auf diese Anzeige, da Sie glauben, den gestellten Anforderungen zu genügen. Nach Abschluss des Wirtschaftsgymnasiums gingen Sie ein Jahr nach Frankreich, wo Sie u. a. aushilfsweise im Büro einer Exportfirma arbeiteten. Nach Ihrer Rückkehr nahmen Sie eine Stellung bei Hartmann & Co. an. Anfänglich bestand Ihre Aufgabe darin, französische Diktate aufzunehmen. Später wurde Ihnen ein Teil der französischen Korrespondenz zur Bearbeitung übertragen. Sie suchen sich zu verändern, da Sie glauben, dass Ihnen ein großer Betrieb die Möglichkeit bietet, umfassendere Kenntnisse auf dem Gebiet der Außenhandelstechnik zu erwerben. Sie legen einen Lebenslauf bei und hoffen, dass Ihnen die Firma Gelegenheit geben wird, sich persönlich vorzustellen.

Foires, salons et expositions

1. Introduction

Les foires ont pour but de présenter à un large public des marchandises diverses d'un ou de plusieurs pays. Elles ont lieu périodiquement dans des villes fixes.
Les plus célèbres attirent chaque année de nombreux visiteurs qui se pressent devant les stands pour assister aux démonstrations des produits. Les exposants répondent à leurs questions et leur distribuent de la documentation sous forme de *prospectus*, de *dépliants* ou de *brochures*.

Les salons, réservés en général aux professionnels, présentent les nouveaux modèles d'un secteur de l'industrie. Cependant, ils ouvrent parfois leurs portes au public certains jours donnés. Les salons permettent aux entreprises d'exposer leurs nouveautés, de renforcer leur image de marque par leur présence et de nouer de nombreux contacts décisifs avec les acheteurs. Les exposants ont l'occasion de rencontrer leurs concurrents. Le salon leur offre aussi la possibilité d'observer le marché et ses tendances et de tester la demande.
Les acheteurs découvrent les innovations techniques et les comparent. Ils font jouer la concurrence au moment de la passation de leurs commandes. Ils profitent également des conditions et des prix spéciaux qui leur sont accordés pendant toute la durée du salon.

Les expositions s'adressent à un public varié. Elles présentent des œuvres d'art ou des informations regroupées autour d'un thème choisi, comme la musique (le Midem à Cannes), la mer et son avenir (Exposition d'Okinawa), la chasse (Exposition de Budapest), le progrès de la connaissance (Exposition de Rio de Janeiro) ou «la Semaine Verte» de Berlin qui est une exposition agricole. Les floralies sont des expositions d'horticulture qui remportent un aussi grand succès auprès du public que le Salon des Arts ménagers.

2. Lettres modèles

a. Demande d'un dossier de presse

Messieurs,

Nous sommes une entreprise française de confection spécialisée dans la fabrication d'articles tricotés et en jersey.
Nos articles se vendent déjà fort bien dans les grands magasins et les boutiques de lainages de l'Hexagone. Cependant, nous aimerions élargir le cercle de nos clients et trouver de nouveaux débouchés sur le marché international.
Nous envisageons donc d'exposer au Salon International de la Mode de Munich en août 19... Veuillez nous faire parvenir dans les plus brefs délais votre dossier de presse concernant ce salon.

Vous remerciant à l'avance, nous vous prions d'agréer, Messieurs, l'expression de nos sentiments distingués.

---

b. Réponse à une demande de réservation par téléphone

Monsieur,

Nous vous remercions de l'intérêt que vous portez à notre salon et confirmons votre demande de réservation.
Comme convenu lors de notre entretien téléphonique de ce jour, nous vous envoyons en annexe un bulletin d'inscription et de réservation de stand pour le salon d'août 19... Veuillez nous le retourner avant le ..., car nous ne pourrons satisfaire à toutes les demandes cette année.
Nous restons à votre entière disposition pour tous renseignements complémentaires.
Vous souhaitant bonne réception de ce document, nous vous prions de croire, Monsieur, à l'expression de nos sentiments les meilleurs.

---

c. Lettre d'un organisateur

52ème Salon International de l'Image
29 janvier – 6 février 19..

Madame, Monsieur,

Nous vous rappelons que le 52ème Salon International de l'Image se tiendra du 29 janvier au 6 février 19.. à Paris, Porte de Versailles. Nous serions heureux de vous compter une fois de plus parmi les exposants.
Ci-joint, vous trouverez un dossier de presse, quelques notices et des invitations.
Le Salon reste le grand rassemblement de tous ceux qui s'intéressent à l'image en général, à la photo et à la vidéo en particulier.
Cette année, nous voulons profiter du Salon pour assurer la promotion de l'image et attirer un grand nombre d'amateurs, spécialement les jeunes.
Notre objectif est de présenter la photo et la vidéo comme un loisir actif, contemporain et un mode de création personnelle capable d'intéresser les jeunes.
C'est pourquoi nous demandons aux professionnels d'organiser sur 3000 m^2 d'exposition des animations et des rencontres entre spécialistes de l'image et jeunes amateurs.
Espérant que vous voudrez bien de nouveau participer au salon, nous vous prions d'agréer, Madame, Monsieur, l'expression de nos sentiments distingués.

P.S.: Nous tenons à votre disposition d'autres documents et nous vous apporterons tout complément d'information sur simple demande téléphonique.

---

d. Formulaire

PHARMASA 92

Salon International de la Pharmacie

Paris - Porte de Versailles 18–29 mai 19..

BULLETIN D'INSCRIPTION ET DE RÉSERVATION DE STAND 19..

Prière de remplir le formulaire et de le renvoyer à l'adresse suivante:

Salon International de la Pharmacie
Parc des Expositions
2, avenue Franklin-Roosevelt
75008 Paris

Raison sociale: ______________________

Adresse: ______________________

Code postal et ville: ______________________

Pays: ______________________

Téléphone et indicatif: ______________ Télécopie: __________

Nom du responsable: ______________________

Adresse de facturation: ______________________

Produits exposés: ______________________

Veuillez nous réserver, conformément aux conditions de participation figurant au verso de ce formulaire:

Prix de location par m² de stand non-équipé / stand tout équipé

Location de stand	Prix non-équipé / équipé	Surface en m²
Stand 1 face libre	FF H.T. 880,– m² / 1870,– m²	________
Stand 2 faces libres	FF H.T. 980,– m² / 1970,– m²	________
Stand 3 faces libres	FF H.T. 1070,– m² / 1980,– m²	________
Stand 4 faces libres	FF H.T. 1160,– m² / 2060,– m²	________

Les demandes ne pourront être satisfaites que dans la mesure du possible.

Contribution pour frais publicitaires obligatoire pour tous les exposants: 700 FF

Conditions de paiement: 30 % d'acompte sur montant TTC joint obligatoirement au bulletin d'inscription FF TTC ________

Lieu et date Cachet et signature

______________ ______________________

Foire Internationale de Bordeaux

Monsieur,

Nous tenons à vous signaler que la 71ème Foire Internationale de Bordeaux se tiendra cette année du 26 mai au 10 juin. Elle mettra en présence plus de 3 200 exposants, 500 000 visiteurs et 30 secteurs d'activité.
Plusieurs thèmes seront particulièrement mis en valeur cette année et intéresseront de nombreux professionnels:
- «Les communications», avec une exposition de 3000 m^2 valorisant les applications techniques et matériels utilisés dans les communications;
- «L'agriculture» avec 1 500 animaux, 350 éleveurs et 500 constructeurs: c'est le premier salon agricole français après Paris;
- «Le bois», avec la Biennale de la Machine à Bois et le Salon du Matériel Forestier;
- «La bureautique et l'informatique»;
- «La manutention et les travaux publics»;
- «Les échanges internationaux» avec les participations officielles de 25 pays, dont l'Espagne et 9 pays d'Afrique.

Par ailleurs, deux grands colloques «Europe–Afrique» sur la promotion des fruits et des bois tropicaux sont organisés à cette occasion les 28 et 29 mai par la CEE et le Comité des expositions.
Intéressés par ces thèmes, plusieurs groupes d'acheteurs français et étrangers se déplaceront certainement à cette occasion à la Foire de Bordeaux. L'an dernier, 6 559 visiteurs étrangers en provenance de 87 pays s'étaient déplacés pour venir à la Foire de Bordeaux.
Nous vous remettons, sous ce pli, des dépliants et des cartes de légitimation ainsi qu'une affiche. Si vous en souhaitez un plus grand nombre, veuillez nous retourner la fiche ci-jointe.
Nous serions heureux de vous compter parmi nos visiteurs et restons à votre entière disposition pour tous renseignements complémentaires.
Nous vous prions de croire, Monsieur, à l'assurance de nos sentiments distingués.

3. Phraséologie

Les organisateurs du salon ont prévu 40 000 m^2 de stands.	Die Ausstellungsveranstalter haben eine Standfläche von 40 000 qm eingeplant.
Cette exposition a attiré près de 100 000 visiteurs dont 6,3% d'étrangers.	Diese Ausstellung hat circa 100 000 Besucher angezogen. 6,3% davon kamen aus dem Ausland.

Heures d'ouverture du salon: de 10 h à 19 h. Nocturnes jusqu'à 22 h les 6 et 9 mai.

Öffnungszeiten der Ausstellung von 10 bis 19 Uhr.
Langer Abend bis 22 Uhr am 6. und 9. Mai.

Accès au salon: navettes de la gare RER à l'aéroport.

Verkehrsverbindungen zur Ausstellung: Pendelbusse vom RER-Bahnhof zum Flughafen.

Le salon est ouvert au public le week-end.

Die Ausstellung ist für das allgemeine Publikum am Wochenende zugänglich.

Journée professionnelle et de presse le 2 décembre.

Der 2. Dezember ist für Fachbesucher und die Presse reserviert.

Pour tous renseignements, veuillez consulter le 3616 Mode sur votre minitel.

Auskunft erhalten Sie über BTX unter der Kodenummer 3616 Mode.

Nous vous invitons à visiter notre stand dans le hall 7 niveau 2.

Wir laden Sie ein, unseren Stand in Halle 7, 2. Stock, zu besuchen.

Le parc des expositions est situé à 10 mn du centre-ville.

Das Ausstellungsgelände liegt 10 Minuten vom Stadtzentrum entfernt.

Le nombre des exposants a augmenté de 12% par rapport à l'an dernier.

Die Zahl der Aussteller ist im Vergleich zum letzten Jahr um 12% gestiegen.

La firme Canaba sera représentée à la Foire de Bordeaux.

Die Firma Canaba wird auf der Messe in Bordeaux vertreten sein.

Plus de 120 hôtesses multilingues se chargeront de l'accueil et de l'orientation des visiteurs français et étrangers.

Über 120 mehrsprachige Hostessen empfangen und führen die französischen und ausländischen Besucher.

Les stands ne seront mis à la disposition des exposants qu'après règlement du droit d'inscription obligatoire et du prix de location du stand.

Die Stände stehen den Ausstellern erst nach Begleichung der obligatorischen Anmeldungsgebühr und der Standmiete zur Verfügung.

Des stands «clés en main» peuvent être mis à disposition.

Bezugsfertige Stände können zur Verfügung gestellt werden.

L'exposant est tenu de surveiller lui-même la bonne exécution du montage du stand et de signaler toute erreur immédiatement.

Der Aussteller ist gehalten, den Standaufbau rechtzeitig zu überwachen und Beanstandungen sofort zu melden.

Seules les réclamations qui seront remises dans les 24 h suivant l'ouverture du salon seront prises en considération.

Reklamationen, die nicht innerhalb eines Tages nach Messebeginn eingehen, können nicht mehr berücksichtigt werden.

Le prix de location (HT soumis à la T.V.A. en vigueur) d'un stand 1 face libre / 2 faces libres / 3 faces libres / 4 faces libres s'élève à …	Die Standmiete (zuzüglich der gesetzlichen Mehrwertsteuer) für einen Reihenstand / Eckstand / Kopfstand / Blockstand beträgt …
La surface minimale d'un stand est de 18 m^2.	Die Mindeststandfläche umfasst 18 qm.

Quelques salons internationaux en France	**Einige internationale Messen in Frankreich**
Salon International	Internationale Messe für
– des Arts ménagers	Haushaltsgeräte und -maschinen
– du luminaire	Wohnleuchten
– du Meuble et Approfal	Möbel und Zulieferungen für die Möbelindustrie
– du jouet	Spielwaren
– de l'agriculture	Landwirtschaft
– du cuir	Lederwaren
– de la mode enfantine	Kindermode
– de l'habillement masculin	Männermode

4. Exercices

Traduisez les lettres suivantes:

a. Der Projektleiter der Düsseldorfer Mode-Woche GmbH beantwortet das Schreiben der Firma Tricosa in Nantes wie folgt:

Sehr geehrter Herr Dosin,

besten Dank für Ihr Schreiben vom 2. 2. Es freut uns, dass Sie Ihr Interesse für die Düsseldorfer Mode-Woche bekundet haben. Anbei erhalten Sie ein Formular zur Anmeldung sowie die Teilnahme- und Ausstellungsbedingungen.

Aus dem Übersichtsplan im beiliegenden Prospekt können Sie ersehen, dass die Halle 7 für Maschenwaren vorgesehen ist. Selbstverständlich werden wir uns bemühen, Sie zu Ihrer vollen Zufriedenheit zu platzieren. Mit der Planung beginnen wir Anfang März. Wir bitten Sie daher, falls Sie sich mit einem Stand beteiligen wollen, das beigefügte Formular vor dem 1. 3. ausgefüllt an uns zurückzusenden, damit wir Ihre Platzwünsche vormerken können. Die Mietpreise können Sie aus den anhängenden Teilnahmebedingungen ersehen.

Außerdem legen wir diesem Schreiben einen Prospekt über den Komplett-Stand-Service bei, in dem die 6 zur Wahl stehenden Komplettstände beschrieben sind. Mit der Wahl eines Komplettstandes, der von der Düsseldorfer Mode-Woche GmbH aufgebaut wird, ersparen Sie sich viel Vorbereitungsstress und überhöhte Kosten.

Kostenlose Aussteller-Ausweise, deren Anzahl sich aus der vermieteten Standgröße errechnet, erhalten Sie ohne ausdrückliche Bestellung nach Bezahlung der Standmiete. Bei einer Standgröße von zum Beispiel 28 qm werden 6 Ausweise ausgestellt.
Für weitere Auskünfte stehen wir Ihnen gerne zur Verfügung.
Mit freundlichen Grüßen

Anlagen

b. Sehr geehrte Herren,

nachdem sich Ihre Gesellschaft an der diesjährigen INHORGENTA als Aussteller beteiligt hat, gestatten wir uns, Ihnen als Anlage die kompletten Messeunterlagen für das nächste Jahr zu überreichen und sie erneut zu einer Teilnahme einzuladen.
Wir dürfen besonders auf den Anmeldeschluss 1. August 19.. hinweisen und bitten Sie höflich, diesen Termin vorzumerken. Dem beiliegenden Ausstellerprospekt können Sie entnehmen, dass wiederum die Hallen 18–25 zur Verfügung stehen und die diesjährige Brancheneinteilung im nächsten Jahr im Wesentlichen beibehalten wird.
Wir würden uns freuen, Sie wieder als Aussteller auf der INHORGENTA begrüßen zu dürfen und sehen Ihrer Anmeldung gerne entgegen.
Mit freundlichen Grüßen

Rédigez une lettre en français d'après les indications suivantes:

c. Sie haben die Messeunterlagen erhalten und bedanken sich. Sie senden das ausgefüllte Formular zurück und bestellen einen Mietplatz für Ihren Pkw sowie einen für Ihren Lkw im Bereich des Messegeländes. Sie bitten um schriftliche Bestätigung und Angabe der Preise, da diese aus den allgemeinen Teilnahme- und Ausstellungsbedingungen nicht hervorgehen.
Sie nehmen den Reservierungsservice der Messegesellschaft für Hotelbetten in Anspruch und bitten um die Reservierung von 5 Einzelzimmern mit Bad/WC in einem 3-Sterne-Hotel in der Stadtmitte.
Sie möchten außerdem wissen, ab wann der Abtransport der Exponate beginnen kann.
Sie erwarten eine baldige Antwort.

Troisième Partie

Annexes

1 Glossaire de termes commerciaux

agent
Personne rémunérée qui achète ou vend au nom et pour le compte d'un commerçant ou d'une ou plusieurs entreprises. L'agent est lié par contrat. Il opère sur un espace géographique limité ou non. Il peut bénéficier de l'exclusivité de la vente. On emploie ce terme quelquefois aussi pour désigner un représentant.

avis de crédit
Voir page 72

avis de débit
Voir page 72

billet à ordre
Écrit par lequel une personne s'engage à payer, à une date déterminée, une somme déterminée au bénéficiaire. Le billet à ordre peut être endossé et avalisé comme une lettre de change.

certificat d'origine
Écrit établi par la Chambre de Commerce ou la douane et certifiant l'origine des marchandises. Le certificat d'origine est de rigueur lorsque le pays importateur accorde des avantages au pays de l'exportateur.

CFR, coût et fret *(... port de destination convenu)*
Clause de vente maritime signifiant que le prix convenu comprend le coût de la marchandise et les frais de transport jusqu'au port de destination. Cependant les risques sont transférés à l'acheteur dès que la marchandise a effectivement passé le bastingage du navire au port d'embarquement. C'est donc l'acheteur qui supporte les frais d'assurance.

chèque
Écrit par lequel le titulaire d'un compte en banque ou d'un compte chèque postal (C.C.P.) donne à la banque ou au centre de chèques postaux l'ordre de payer une somme déterminée au bénéficiaire du chèque. Celui qui emet le chèque s'appelle le tireur.

Principaux types de chèques:

A Les chèques bancaires
- *Le chèque à ordre* comporte le nom du bénéficiaire suivi ou non de la clause «à ordre». Il est transmissible par endossement. On appelle endosseur celui qui endosse le chèque, et endossataire celui qui en bénéficie.
- *Le chèque au porteur* ne comporte pas le nom du bénéficiaire. Il est transmissible de la main à la main.
- *Le chèque barré* porte deux barres transversales et parallèles. Il ne peut être encaissé que par l'intermédiaire d'une banque. Personne d'autre que le destinataire ne peut le toucher, ce qui évite les risques de fraude, de vol et de perte.

B Les chèques postaux
- *Le chèque d'assignation* est l'ordre donné par le titulaire d'un C.C.P. au centre de chèques postaux de verser une somme déterminée au bénéficiaire du chèque. Le chèque d'assignation est payable au domicile du bénéficiaire ou au centre de chèques postaux.
- *Le chèque de virement* est l'ordre donné par le titulaire d'un C.C.P. au centre de chèques postaux de virer une somme déterminée au C.C.P. du bénéficiaire.

Exemple de chèque: un chèque barré

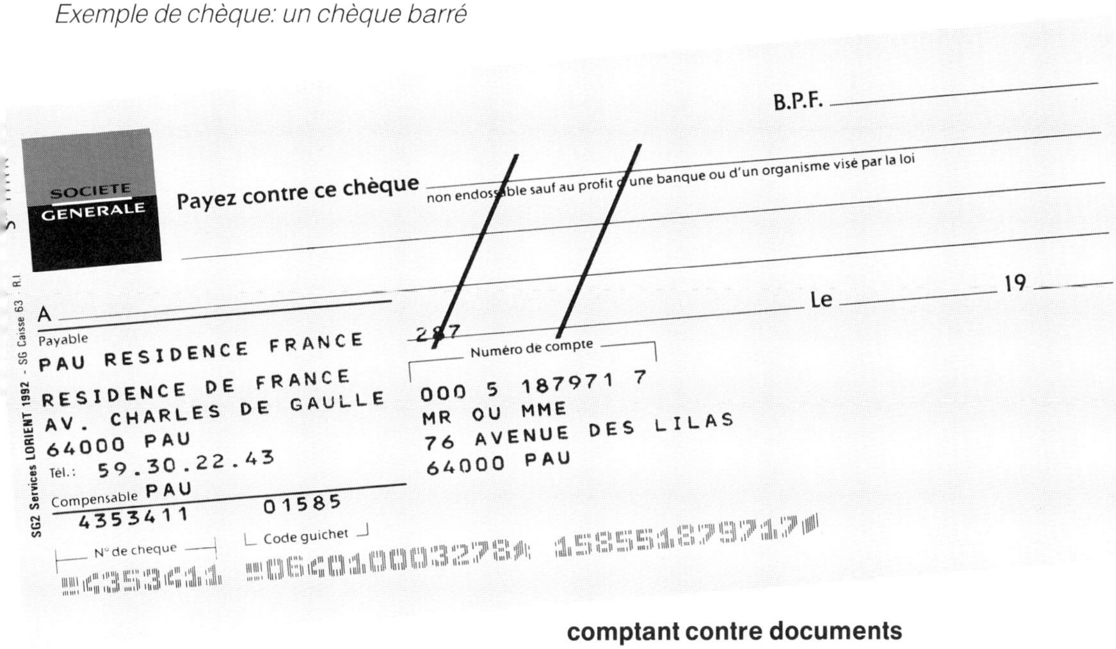

CIF, coût, assurance, fret *(... port de destination convenu)*
Clause de vente maritime signifiant que le prix convenu comprend, outre le coût de la marchandise, les frais de transport et les frais d'assurance jusqu'au port de destination. Cependant, les risques sont transférés à l'acheteur dès que la marchandise a passé le bastingage du navire au port d'embarquement.

commerçant
Personne qui, à ses risques et périls, met à la disposition du consommateur les biens fournis par le producteur. Le commerçant ne fait en général pas transformer la marchandise. Il ne peut exercer son activité que s'il a accompli certaines formalités préalables telles qu'immatriculation au Registre du Commerce et des Sociétés, immatriculation du personnel à la Sécurité sociale, déclaration à l'inspection du travail, etc.

comptant contre documents
Clause de paiement fréquente dans les transports maritimes et signifiant que les documents d'embarquement sont remis à l'acheteur dès le paiement d'une traite à vue que le vendeur a tirée sur lui. L'encaissement s'effectue en général par l'intermédiaire d'une banque qui remet aussi les documents à l'acheteur.

concessionnaire
Commerçant qui a le droit exclusif de vendre certaines marchandises dans une région déterminée.

connaissement
Écrit par lequel le capitaine d'un navire (ou toute autre personne habilitée de la compagnie de navigation) reconnaît avoir pris en charge la marchandise. Le connaissement est en général établi en trois originaux auxquels peuvent s'ajouter autant de copies que l'on désire. Le capitaine est chargé de délivrer la marchandise contre présentation de l'un des originaux que le

vendeur a envoyé au destinataire. Celui-ci peut vendre la marchandise avant son arrivée en transférant le connaissement par endossement.

crédit documentaire

Mode de paiement très fréquent dans les échanges avec des pays lointains. Il s'applique dans toutes les affaires d'exportation dans lesquelles il n'existe aucun autre moyen sûr d'obtenir le règlement des factures. Le crédit documentaire est un contrat par lequel une banque s'engage à payer à l'exportateur le prix d'une marchandise contre remise des documents d'expédition. Le crédit documentaire peut être irrévocable et confirmé, irrévocable et non-confirmé ou révocable (et non-confirmé). Le crédit irrévocable ne peut jamais être révoqué par la banque de l'importateur à moins que le bénéficiaire n'y consente.

Voilà un exemple pratique d'un crédit documentaire irrévocable et confirmé:

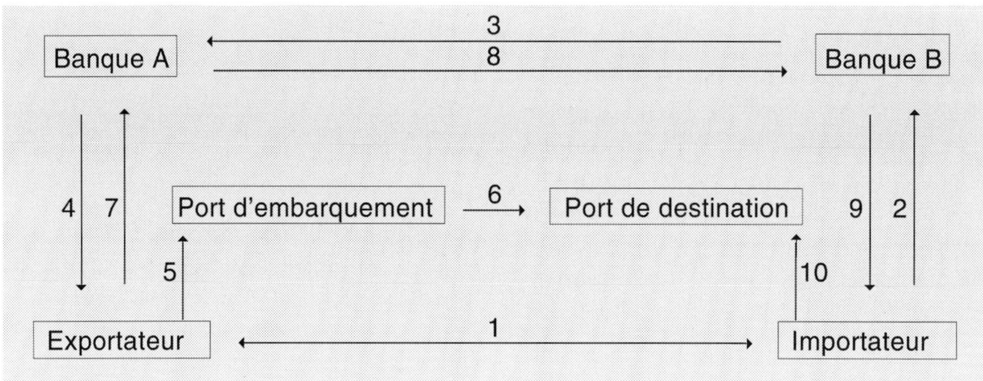

① L'exportateur et l'importateur se mettent d'accord sur un paiement par crédit documentaire irrévocable et confirmé.

② L'importateur invite sa banque (banque B) à ouvrir un crédit documentaire irrévocable et confirmé en faveur de l'exportateur.

③ La banque de l'importateur (banque B) ouvre le crédit et invite la banque A par télécopie ou en lui envoyant une lettre à confirmer le crédit à l'exportateur (le bénéficiaire).

④ La banque A adresse la confirmation du crédit à l'exportateur.

⑤ L'exportateur fait embarquer les marchandises et reçoit les documents correspondants.

⑥ Les marchandises embarquées voyagent en direction du port de destination.

⑦ L'exportateur tire une traite et la présente à la banque A avec les documents d'expédition. La banque A examine les documents pour vérifier s'ils correspondent aux termes du crédit. Si oui, elle paie la traite (ou, suivant le cas, l'accepte ou la négocie).

⑧ La banque A porte le montant du crédit augmenté des frais et de sa commission au débit du compte de la banque B et envoie les documents d'expédition à la banque B.

⑨ À la réception des documents, la banque B porte le montant du crédit augmenté des frais et commissions (pour elle-même et pour la banque A) au débit du compte de l'importateur et remet les documents à ce dernier.

⑩ À l'aide des documents, l'importateur peut retirer les marchandises auprès de la compagnie de navigation et de la douane.

départ usine ou **pris en magasin**
Clause de vente signifiant que le vendeur supporte tous les frais et risques jusqu'au moment où il met la marchandise, en son usine, à la disposition du client.

documents contre acceptation
Clause de paiement fréquente dans les transports maritimes et signifiant que les documents d'embarquement sont remis à l'acheteur dès l'acceptation d'une lettre de change que le vendeur a tirée sur lui. La présentation de la lettre de change à l'acheteur aux fins d'acceptation s'effectue en général par une banque qui remet aussi les documents à l'acheteur.

documents d'embarquement
Les documents d'embarquement les plus importants pour les affaires d'exportation sont: le *connaissement,* la *police d'assurance,* la *facture commerciale,* la *facture consulaire,* la *facture douanière* et le *certificat d'origine.*

domiciliation
Voir «lettre de change».

extrait de compte
Voir page 72

EXW à l'usine / ex works
Clause de vente signifiant que le vendeur a rempli son obligation de livraison quand il met la marchandise, en son usine, à la disposition de l'acheteur.

FAS, free alongside ship = franco le long du navire *(... port d'embarquement convenu)*
Clause de vente maritime signifiant que le vendeur supporte tous les frais et risques jusqu'au moment où la marchandise est délivrée le long du navire désigné par l'acheteur.

facture consulaire
Voir page 72

facture douanière
Voir page 72

facture pro forma
Voir page 72

FCA, free carrier = franco transporteur *(... lieu convenu)*
Clause de vente signifiant que le vendeur supporte tous les frais et risques jusqu'au moment où il remet la marchandise dédouanée au transporteur désigné par l'acheteur au lieu et point convenus. Ce terme peut être utilisé pour tout mode de transport y compris pour le transport multimodal.

FOB, free on board = franco bord *(... port d'embarquement convenu)*
Clause de vente maritime signifiant que le vendeur supporte tous les frais et risques jusqu'au moment où la marchandise est embarquée sur le navire.

Incoterms *(International Commercial Terms)*
Définitions internationales des conditions de livraison usuelles dans le commerce extérieur. Ces définitions ont été élaborées par la Chambre de Commerce Internationale. Les plus importantes clauses définies dans les Incoterms sont: CFR; CIF; EXW; FOB; FAS; FCA; CPT ...

Lettre de change (ou: **traite**)
Effet de commerce par lequel un créancier (le tireur) donne l'ordre à son débiteur (le tiré) de payer une somme déterminée, soit à son ordre à lui-même, soit à l'ordre d'un tiers (le bénéficiaire).

Lettre de change

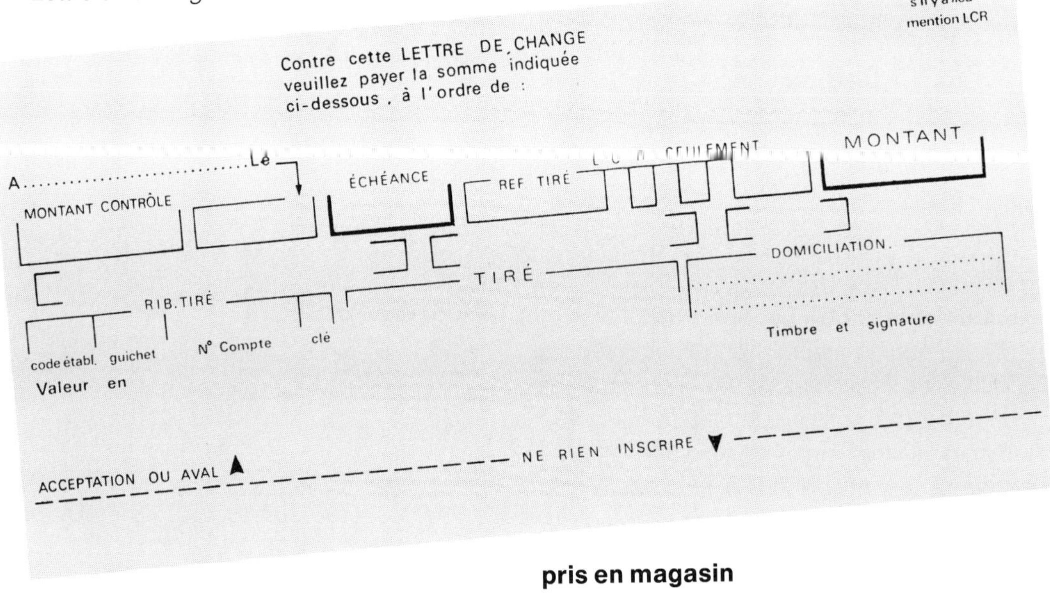

La lettre de change est transmissible comme un chèque.
L'acceptation d'une lettre de change est l'engagement par lequel le tiré s'oblige à payer le montant de la lettre de change à l'échéance.
L'aval d'une lettre de change est la garantie donnée par un tiers de payer le montant de la lettre de change à l'échéance au cas où le tiré ne le ferait pas.
La domiciliation d'une lettre de change est l'indication d'un domicile où le paiement doit être effectué.

police d'assurance
Contrat par lequel l'assureur s'engage, moyennant une prime, à indemniser l'assuré ou le bénéficiaire convenu en cas de réalisation d'un risque déterminé. La police d'assurance peut être nominative, à ordre ou au porteur.

pris en magasin
Voir «départ usine» page 155.

raison sociale
Dénomination sous laquelle une société commerciale exerce son activité et prend les engagements sociaux.

Registre du Commerce et des Sociétés (R.C.S.)
Livre officiel qui contient les noms de tous les commerçants et de toutes les sociétés. L'indication du numéro du Registre du Commerce et des Sociétés est obligatoire sur tous les documents commerciaux.

relevé de compte
Voir page 72

représentant
Commerçant qui a signé un contrat de représentation avec une ou plusieurs maisons. Il touche une commission sur le chiffre d'affaires qu'il réalise.

siège social
Lieu où se trouvent les services administratifs d'une société. L'indication du siège social est déterminante pour toutes les questions relatives à la vie juridique de la société (lieu d'exécution, compétence juridique, etc.).

traite
Voir «lettre de change» page 156.

virement
Opération par laquelle on fait transférer une somme déterminée d'un compte en banque ou d'un C.C.P. à un autre compte.

2 Index chronologique

L'index chronologique contient, dans l'ordre chronologique de la première et de la deuxième partie de ce manuel, tous les termes pouvant constituer une certaine difficulté pour l'étudiant.

Première Partie
Disposition de la lettre commerciale

1 Parties constituantes d'une lettre commerciale

	l'en-tête *(m)*	der Briefkopf
	la date	das Datum
	le destinataire	der Empfänger
	la référence	das Bezugszeichen, das Diktatzeichen
	l'objet *(m)*	der Betreff
	le corps (de la lettre)	der Brieftext
	la formule de politesse	die Schlussformel, die Grußformel
	la signature	die Unterschrift
	le post-scriptum (P.-S.)	das Postskriptum (P.S.)
	l'annexe *(f)*	die Anlage
1.	la raison sociale	der Firmenname, die Firma
	la maison (de commerce)	die Firma, der Handelsbetrieb
	Établissements *(mpl)* Dupont	Firma *(f)* Dupont
	la forme de la société	die Gesellschaftsform
	la société anonyme (S.A.)	die Aktiengesellschaft (AG)
	la S.A.R.L.	die GmbH
	le siège social	der Firmensitz, der Sitz der Gesellschaft
	la boîte postale	das Postfach
	le numéro de téléphone	die Telefonnummer, die Fernsprechnummer
	le numéro de télécopie (téléfax)	die Fernkopierernummer (Telefax)
	le télétype	der Fernschreiber
	le télex	1. das Fernschreiben, 2. der Fernschreiber
	le compte chèque postal (C.C.P.)	das Postscheckkonto
	le Registre du Commerce et des Sociétés (R.C.S.)	das Handelsregister
	le Registre des Producteurs (R.P.)	das Herstellerverzeichnis
	l'Institut National de la Statistique et des Études Économiques (I.N.S.E.E.)	Nationales Statistisches Institut *(entspricht etwa dem Statistischen Bundesamt)*
	la domiciliation (d'une traite)	die Domizilierung (eines Wechsels)
	le logo	das Firmenzeichen
2.	l'adjectif *(m)* ordinal	die Ordnungszahl
	l'adjectif *(m)* cardinal	die Grundzahl
	le chiffre romain	die römische Ziffer
	la minuscule	der Kleinbuchstabe
3.	À l'attention de ...	zu Händen ...
	la fonction	*hier:* die Dienststellung
	le chef de service	der Abteilungsleiter
	l'ambassadeur *(m)*	der Gesandte
	l'avocat *(m)*	der Rechtsanwalt
	l'office *(m)*	das Amt, das Büro

	le notaire	der Notar
	l'huissier *(m)*	der Gerichtsvollzieher
	la manufacture	die Fabrik, die Manufaktur
	le comptoir	das Kontor
	le numéro de code du département	die Nummer des Departements *(entspricht der Postleitzahl)*
	le lieu de destination	der Bestimmungsort
	le département	das Departement
4.	l'initiale *(f)*	der Anfangsbuchstabe, die Initiale
	taper une lettre	einen Brief tippen
	le papier à lettres	das Briefpapier
	votre référence	Ihr Zeichen
	notre référence	unser Zeichen
	À rappeler s.v.p.	In der Antwort bitte angeben
5.	Objet: ..., Concerne: ...	Betrifft: ..., Betreff: ...
6.	l'autorité *(f)*	die Behörde
	la marge (de la lettre)	der (Brief)Rand
	la majuscule	der Großbuchstabe
	la présentation	die Aufmachung
	la subdivision	die Unterteilung
	le paragraphe	der Absatz
7.	la conclusion de la lettre	der (Brief)Schluss
	un prix favorable	ein günstiger Preis
	passer commande à qn	jm. eine Bestellung erteilen, bei jm. bestellen
	le commerçant	der Kaufmann, der Händler
8.	le signataire	der Unterzeichner
	le gérant	der Geschäftsführer
	le P.-D. G. (d'une S.A.) = le président-directeur général	*entspricht etwa dem Vorstandsvorsitzenden einer deutschen AG*
	le sous-directeur	der zweite Direktor
	le chef des «Achats»	der Leiter der Einkaufsabteilung
10.	la facture	die Rechnung
	le bon de commande	der Bestellschein
	le certificat	die Bescheinigung
	P.J. (pièce[s] jointe[s])	Anlage(n)
	la pièce	*hier:* das Dokument
	la facture en triple exemplaire	die Rechnung in dreifacher Ausfertigung
	la copie	die Kopie
	p.p. (par procuration)	per procura
	p.o. (par ordre)	im Auftrag
	c.c. (copie conforme)	Abschrift des Originals

2 La disposition du texte

la disposition	die Anordnung
reprendre	*hier:* übernehmen
la batterie de cuisine	das Küchengeschirr
le moyen de production	das Produktionsmittel
la productivité	die Produktivität
les frais *(mpl)* de main-d'œuvre	der Arbeitslohn
la matière première	der Rohstoff
le taux	der Satz
la majoration	die Erhöhung

3 L'enveloppe

l'enveloppe *(f)*	der Briefumschlag, die Briefhülle
l'expéditeur *(m)*	der Absender
l'enveloppe *(f)* à fenêtre	der Fensterbriefumschlag
le verso	die Rückseite
le recto	die Vorderseite

Deuxième Partie
Types de lettres commerciales

1 Demandes d'offre

1.	la demande d'offre	die Anfrage
	les relations *(fpl)* d'affaires	die Geschäftsbeziehungen *(fpl)*
	la société	die Gesellschaft
	la demande d'offre verbale	die mündliche Anfrage
	la demande d'offre écrite	die schriftliche Anfrage
	le fournisseur	der Lieferant
	le correspondant	der Geschäftsfreund
	l'annuaire *(m)*	das Adressbuch, das Telefonbuch, das Jahrbuch
	la demande d'offre générale	die allgemeine Anfrage
	le programme de vente	das Verkaufsprogramm
	la demande d'offre spéciale	die bestimmte Anfrage
	les conditions *(fpl)* de paiement	die Zahlungsbedingungen
	le délai de livraison	die Lieferzeit, die Lieferfrist
	le catalogue	der Katalog
	l'échantillon *(m)*	das Muster, die Probe
2.a.	la demande de prix	die Preisanfrage
	par retour du courrier	umgehend
	le prix net	der Nettopreis
	la T.V.A. (taxe sur la valeur ajoutée)	die Mehrwertsteuer
	la pièce de rechange	das Ersatzteil
	le contacteur inversible	der Wendeschalter
	le levier de commande	der Betätigungshebel
	la bague de serrage	der Klemmring
b.	la machine à équilibrer	die Auswuchtmaschine
	l'annonce *(f)*	die Anzeige, die Annonce
	les caractéristiques *(fpl)* techniques	die technischen Daten
	le meilleur prix	der günstigste Preis
	l'unité *(f)*	die Einheit
c.	l'importateur *(m)*	der Importeur
	le fabricant	der Hersteller
	le stand	der Stand
	l'Exposition *(f)* internationale de la Photographie et Cinématographie	die PHOTOKINA
	la puissance	die Leistung
	la lampe à projecteur	die Projektionslampe
	le débouché	der Absatzmarkt
	l'importation *(f)*	die Einfuhr
	la vente exclusive	der Alleinverkauf
d.	l'extincteur *(m)*	der Feuerlöscher
	le grand magasin	das Kaufhaus, das Warenhaus

	la documentation technique	die technischen Unterlagen
	le prix courant	die Preisliste
	le constructeur	der Hersteller
e.	la pièce détachée	das Einzelteil
	fournir	liefern, beliefern
	l'acheteur *(m)*	der Käufer
	la vis	die Schraube
	la livraison	die Lieferung
	le service «Achats»	die Einkaufsabteilung
f.	l'antenne *(f)*	die Antenne
	l'analyse *(f)* du marché	die Marktanalyse
	le marché	der Markt
	l'antenne *(f)* de radio	die Rundfunkantenne
	l'antenne *(f)* de télévision	die Fernsehantenne
	le concurrent	der Konkurrent
	le succès de vente	der Verkaufserfolg
	compétitif, ve	wettbewerbsfähig
	la proposition	*hier:* das Angebot
g.	la licence	die Lizenz
	la moissonneuse-batteuse	der Mähdrescher
	la machine agricole	die landwirtschaftliche Maschine
	le brevet	das Patent
h.	le raccordement	der Gleisanschluss
	spécifier qc	etw. näher bezeichnen
	le poste	*hier:* der Hausanschluss
	les références *(fpl)*	die Zeichen
i.	la fourniture	die Lieferung (die gelieferten Waren)

2 Offres

	l'offre *(f)*	das Angebot
	l'offre *(f)* spontanée	das unverlangte Angebot
	la lettre publicitaire	der Werbebrief
	la circulaire	das Rundschreiben
1.	entrer en relations d'affaires avec qn	mit jm. Geschäftsbeziehungen aufnehmen
	le prospectus	der Prospekt
	le dépliant	der Faltprospekt
	le délai	die Frist
	l'accusé *(m)* de réception	die Empfangsbestätigung
	le représentant	der Vertreter
	l'agent *(m)*	der Handelsvertreter
	soumettre une offre à qn	jm. ein Angebot unterbreiten
	le client	der Kunde
	la nature des marchandises	die Art der Waren
	la remise	der Preisnachlass, der Rabatt
	le délai de paiement	die Zahlungsfrist
	la prise de contact	die Kontaktaufnahme
	l'offre *(f)* ferme	das feste Angebot, das bindende Angebot
	l'offre *(f)* sans engagement	das freibleibende Angebot
	annuler une commande	eine Bestellung zurückziehen
	l'ordre *(m)*	die Bestellung, der Auftrag
	révoquer une offre	ein Angebot zurückziehen
	le consentement	die Einwilligung
	être lié par l'offre	an das Angebot gebunden sein
	«sauf vente», «vente intermédiaire réservée»	„Zwischenverkauf vorbehalten“

	«jusqu'à épuisement du stock»	„solange Vorrat reicht"
	les relations *(fpl)* commerciales	die Geschäftsbeziehungen
	polycopié, e	hektographiert
	la personne privée	die Privatperson
	la commande	die Bestellung, der Auftrag
	la demande d'information(s)	die Anfrage
	la carte-réponse	die Antwortkarte
2.a.	livrer	liefern
	cité, e en référence	oben erwähnt
	le tracteur agricole	der Schlepper, der Traktor
	la distribution	der Vertrieb
b.	offrir	anbieten
	l'adaptation *(f)*	*hier:* der Einbau
	le moteur	der Motor
c.	le clapet de décharge	das Überdruckventil
	la pression	der Druck
	la cadence d'ouverture	der Öffnungsrhythmus
d.	le camion-malaxeur	der Lastwagen mit Betonmischeraufbau
	l'entretien *(m)* téléphonique	das Telefongespräch
	le type du véhicule	der Fahrzeugtyp
	le type du malaxeur	der Betonmischertyp
	le kilométrage	der Kilometerstand
e.	écoulé	vom letzten Monat
	franco domicile	frei Haus
	contre remboursement	gegen Nachnahme
	l'affaire *(f)*	das Geschäft (das getätigt wird)
f.	le scaphandre autonome	das Sporttauchgerät
	les dimensions *(fpl)*	die Abmessungen *(fpl)*
	départ usine	ab Werk
	le volume	der Inhalt
	le moteur de remplissage	der Füllmotor
	le compresseur de remplissage	der Füllkompressor
	le moteur à essence	der Benzinmotor
	la garantie	die Garantie
	le matériel	die Geräte
	le marché intérieur	der einheimische Markt
	la traite à 90 jours	der 90-Tage-Wechsel
	être favorisé d'une commande	eine Bestellung erhalten
g.	le tissu d'ameublement	der Möbelstoff
	le prix-tarif	die Preisliste
	le dessin	*hier:* das Stoffmuster, das Dessin
	le colis postal	das (Post)Paket
	à l'usine	ab Werk
	les commandes *(fpl)* dépassant ...	Bestellungen über ...
	franco (à) domicile	frei Haus
h.	le fusil de chasse	das Jagdgewehr
	le dernier prix courant	die neueste Preisliste
	les frais *(mpl)* d'emballage et de transport	die Verpackungs- und Transportkosten
	la précision	die Präzision
i.	par courrier séparé	mit getrennter Post
	accorder une remise de ... sur le prix courant	einen Nachlass von ... auf die Listenpreise einräumen
	pour la bonne forme	der Ordnung halber
	les références *(fpl)*	die Referenzen
	le salaire	der Lohn
	le traitement	das Gehalt
j.	lancer un produit sur le marché	ein Erzeugnis auf den Markt bringen

	la gamme	*hier:* die Typenreihe
	la machine à équilibrer	die Auswuchtmaschine
	la voiture de tourisme	der PKW (Personenkraftwagen)
	le véhicule industriel	der LKW (Lastkraftwagen)
	la machine entièrement automatique	die vollautomatische Maschine
	la durée de l'équilibrage	die Auswuchtdauer
	l'amortissement *(m)*	die Amortisierung
	la rentabilité	die Rentabilität
	le modèle standard	das Standardmodell
	l'essai *(m)*	der Versuch
k.	le micro-ordinateur	der PC (Personalcomputer)
	le micro-ordinateur portable	der tragbare PC, der Laptop
	l'écran *(m)* monochrome	der Monochrombildschirm
	l'écran *(m)* couleur	der Farbbildschirm
	l'imprimante *(f)*	der Drucker
	le télécopieur	der Fernkopierer
	le traitement de texte	die Textverarbeitung
	le clavier	die Tastatur
	le numéro vert	Telefonnummer, die man anwählt, um Auskunft zu bekommen. Die Gebühr für das Gespräch zahlt der Angerufene (Auskunft zum Nulltarif).
l.	les biens *(mpl)* d'investissement	die Investitionsgüter
	la conjoncture	die Konjunktur
	chiffrer	*hier:* unterbreiten
m.	la municipalité	die Stadtverwaltung
	le club	der Sportverein
	le responsable	der Verantwortliche
	H.L.M. *(m/f)* (habitation à loyer modéré)	*entspricht etwa der Sozialwohnung*
	l'exploitation *(f)*	der Betrieb
	l'outil *(m)*	das Werkzeug
	efficace	leistungsfähig
	le microtracteur	der Minischlepper
	tondre (une pelouse)	(Rasen) mähen
	déneiger	Schnee räumen
	traiter	behandeln
	désherber	Unkraut vernichten
	l'efficacité *(f)*	die Leistungsfähigkeit
	le distributeur	der Vertreter, der Verkäufer
	le concessionnaire	der Vertragshändler
	le service après-vente	der Kundendienst
n.	le hors-texte	die Bildtafel
	la physique nucléaire	die Kernphysik
	le rédacteur	der Verfasser
	le journaliste spécialisé	der Fachjournalist
	l'emballage *(m)* d'origine	die Originalverpackung
	le bon de commande	der Bestellschein
o.	la visserie	die Schraubenerzeugnisse *(npl)*
	la boulonnerie	die Bolzenerzeugnisse *(npl)*
	la tôle	das Blech
	la barre	der Stab, das Stabeisen
	la bride	der Flansch
	le décolletage	die Automatenarbeit (Werkzeugmaschine)
	pièces *(fpl)* sur plan	Teile *(fpl)* nach Zeichnung
	la forge	die Schmiede

3 Commandes (ordres)

	la commande, l'ordre *(m)*	die Bestellung, der Auftrag
	la confirmation	die Bestätigung (z.B. eines eigenen Telegramms, einer telefonischen Absprache, eines Vertragsabschlusses)
1.	le refus	die Ablehnung
	la contreproposition	der Gegenvorschlag
	le contrat de vente	der Kaufvertrag
	accuser réception de ...	den Empfang von ... bestätigen
	la publicité	die Werbung, die Reklame
	la commande d'essai	der Probeauftrag
	le programme de livraison	das Lieferprogramm
	la livraison partielle	die Teillieferung
	les livraisons *(fpl)* partielles sont cadencées	die Teillieferungen erfolgen in gewissen Abständen
	le télex	das Fernschreiben
2.a.	le rejet	die Zurückweisung, die Ablehnung
	un prix avantageux	ein günstiger Preis
b.	ct (courant)	dieses Monats
c.	aussi	deshalb, daher
	une première commande	ein Erstauftrag
	le chèque	der Scheck
	dès réception	nach Erhalt
	écouler qc	etw. absetzen, verkaufen, vertreiben
	être conforme aux échantillons	den Mustern entsprechen
d.	la conserverie	die Konservenfabrik
	la sardine	die Sardine
	l'huile d'arachide *(f)*	Erdnussöl
	l'huile d'olive *(f)*	Olivenöl
	le thon blanc / le germon	weißer Thunfisch
	le thon entier	Thunfisch-Filet
	les miettes de thon *(fpl)*	Thunfisch in Stücken
	le maquereau	die Makrele
	l'anchois *(m)*	die Anschove, die Anschovis
e.	la fourgonnette	der Lieferwagen
	le châssis-cabine	das Fahrgestell mit Fahrerhaus
	le châssis-spécial	das Spezialfahrgestell
	la benne à ordures ménagères	der Müllaufbau
	le bordereau	der Begleitschein
	les marchandises *(fpl)* sont garanties contre ...	die Garantie umfasst ...
	le défaut de matière	der Materialfehler
	le vice de construction	der Konstruktionsfehler
	à dater de ...	von ... ab
	la réception	der Erhalt, der Empfang
	être responsable de	haften für
	le dommage direct	der direkte Schaden
	le dommage indirect	der indirekte Schaden
	le défaut systématique	der Serienfehler
	un défaut affecte la marchandise	die Ware ist mit einem Fehler behaftet
	confirmer qc	etw. bestätigen
g.	le moteur d'adaptation	der Einbaumotor
	régler une somme	eine Summe bezahlen
	la réception de la facture	der Rechnungseingang, der Rechnungserhalt
	le virement à un compte	die Überweisung auf ein Konto
h.	le prix unitaire	der Einheitspreis
	être de rigueur	bindend sein
	à défaut de livraison	bei Nichtlieferung

	résilier la commande	die Bestellung zurückziehen
	l'indemnité *(f)*	die Entschädigung, der Schadenersatz
	le règlement de la facture	die Bezahlung der Rechnung
	le cours du change	der Wechselkurs
i.	le ventilateur	der Ventilator, der Lüfter
j.	les achards *(mpl)*	Mixed Pickles
	les aromates *(mpl)*	die Gewürze
	le format	die Größe
	le banc d'essai	der Prüfstand. *Hier:* die Kostprobe
	l'extrait *(m)*	der Auszug
	la participation forfaitaire et invariable	die Versandpauschale
	le colis cadeau	die Geschenkpackung
	les frais *(mpl)* d'affranchissement	das Porto
	faire des réserves	Vorbehalte anmelden
	le manquant	der fehlende Posten
	contre remboursement	gegen Nachnahme
	en port dû	Porto bezahlt der Empfänger

4 Accusés de réception de commande

	l'accusé *(m)* de réception de commande	die Auftragsbestätigung
1.	examiner à fond	gründlich prüfen
	en tous points	in allen Punkten
	sans réserve	uneingeschränkt
	la formule de remerciement	die Dankesformel
	le mode de paiement	der Zahlungsmodus, die Zahlungsweise
	sous forme de	in Form von
	le formulaire imprimé	das gedruckte Formular
	la liasse de bons de commande	der Bestellscheinblock
2.a.	exécuter une commande	eine Bestellung ausführen
	avec le plus grand soin	mit größter Sorgfalt
b.	à titre d'accusé de réception	als Empfangsbestätigung
d.	l'annulation *(f)*	der Widerruf
	en réponse à	in Beantwortung
	purement et simplement	ganz einfach
e.	expédier qc	etw. zum Versand bringen
	accorder des prix préférentiels	Vorzugspreise einräumen
f.	donner satisfaction à qn	jn. zufriedenstellen
h.	le moteur d'échange standard	der Austauschmotor
	équiper de	ausstatten mit
	la dynamo	die Gleichstromlichtmaschine
	l'alternateur *(m)*	die Drehstromlichtmaschine
	la longévité	die (lange) Lebensdauer
	monter	einbauen
i.	être au regret de	bedauern
	le tarif	die Preisliste
	valable	gültig
	majorer les prix	die Preise erhöhen
	l'augmentation *(f)* des salaires	die Lohnerhöhung
	jusqu'à nouvel ordre	bis auf weiteres
j.	le représentant permanent et exclusif	der ständige Alleinvertreter
	l'Allemagne *(f)*	Deutschland
	pour suite à donner	zur weiteren Veranlassung
	la collaboration	die Zusammenarbeit

5 Correspondance concernant la livraison

	l'avis *(m)* d'expédition	die Versandanzeige
	le relevé de compte	die Kontoaufstellung
	l'extrait *(m)* de compte	der Kontoauszug
	l'avis *(m)* de débit	die Belastungsanzeige, die Lastschriftanzeige
	l'avis *(m)* de crédit	die Gutschriftanzeige
1.	dûment	ordnungsgemäß
	emballer	verpacken
	le moyen de transport	das Verkehrsmittel, das Transportmittel
	la date d'expédition	das Versanddatum
	le mode d'expédition	die Versandart
	le marquage	die Kennzeichnung
	les frais *(mpl)* additionnels	die zusätzlichen Kosten
	la déduction	der Abzug
	le prix total	der Gesamtpreis
	la facture commerciale	die Handelsrechnung
	la facture consulaire	die Konsulatsfaktura
	la facture pro forma	die Proforma-Rechnung
	la facture douanière	die Zollfaktura
	le document d'expédition	das Versanddokument
	viser	mit einem Stichwortvermerk versehen
	le pays destinataire	das Bestimmungsland
	le certificat d'origine	die Ursprungsbescheinigung
	la douane	der Zoll (die Zollverwaltung)
	payer à l'avance	im Voraus bezahlen
	la licence d'importation	die Einfuhrlizenz
	le crédit documentaire	das Dokumentenakkreditiv
	le devis	der Kostenvoranschlag
	le prix à l'exportation	der Exportpreis
	le pays d'origine	das Ursprungsland
	l'écriture *(f)*	*hier:* die Eintragung
	les livres *(mpl)*	*hier:* die Geschäftsbücher
	la facturation	die Fakturierung, die Rechnungsstellung
	le renvoi	die Rücksendung
	l'emballage *(m)* consigné	die Verpackung, für die Einsatz bezahlt wurde
2.a.	exécuter ...	ausführen ...
	le transporteur	der Spediteur, der Transportunternehmer
	la caisse	die Kiste
	le poids brut	das Bruttogewicht
	le bouton-poussoir	der Druckknopf
	en double exemplaire	in doppelter Ausfertigung
	le bordereau de livraison	der Lieferschein
	souhaiter bonne réception	guten Empfang wünschen
b.	suite à ...	im Anschluss an ...
	l'arrêt *(m)* de travail	die Einstellung der Arbeit
	par exprès	als Eilgut
	la grève	der Streik
c.	à l'occasion de	anlässlich
	le chantier	die Baustelle
	le jeu de pistons de rechange	der Satz Austauschkolben
	le moteur stationnaire	der stationäre Motor
	par fret aérien	per Luftfracht
	le segment de compression	der Verdichtungsring (Kolbenring)
	donner satisfaction à qn	jn. zufriedenstellen
	l'axe *(m)* de piston	der Kolbenbolzen

	la bague	die Buchse
d.	l'imprimerie *(f)*	die Druckerei
	les travaux *(mpl)* de ville	der Akzidenzdruck
	le spécimen	das Freistück
	en cas de	bei, im Falle von
	l'escompte *(m)*	der (das) Skonto
	le paiement comptant	die Barzahlung
	taxable	besteuerbar
	déductible	absetzbar
	l'afférente *(f)*	die Summe
	le montant	die Höhe, der Betrag
	aux risques et périls du destinataire	auf Kosten und Gefahr des Empfängers
	la réception	der Erhalt
	la traite	die Tratte, der Wechsel
	la dérogation	die Abweichung
	la contestation	das Abstreiten, der Einspruch
	être compétent, e	zuständig sein
e.	le numéro de plaque	die Typenschild-Nummer
	«prix net h.t.» (= hors taxe)	„Nettopreis ohne Mehrwertsteuer"
	la novation	die Schuldumwandlung
	l'arrêté *(m)*	der Erlass
f.	l'avoir *(m)*	die Gutschrift
g.	le compte client	das Kundenkonto
	le doit	1. die Lastschrift, 2. die Rechnung
	la facture de débit	die Lastschrift
h.	le libellé	die Bezeichnung, der Wortlaut
	l'échéance *(f)*	die Fälligkeit
	«débit»	„Soll"
	«crédit»	„Haben"
	le solde	der Saldo
	l'arrêté *(m)* des comptes	der Kontenabschluss, der Rechnungsabschluss
	l'ordre *(m)* chronologique	die chronologische Reihenfolge
	solder	saldieren
	reporter	übertragen
	le chiffre d'affaires	der Umsatz
	le solde créditeur	der Aktivsaldo
i.	l'ordre *(m)* d'expédition	der Versandauftrag
	la gare destinataire	der Bestimmungsbahnhof
	les instructions *(fpl)* d'expédition	die Versandanweisungen
	FCA – Franco transporteur	frei Frachtführer
	le jour même	am selben Tag
	la remise	die Aushändigung
	le duplicata	das Duplikat
	la lettre de voiture	der Frachtbrief
	estampillé, e	gestempelt
	la gare de départ	der Versandbahnhof
	couvrir l'assurance *(f)*	den Versicherungsvertrag abschließen

6 Paiement

	l'accusé *(m)* de réception de marchandises	die Wareneingangsbestätigung
	l'avis *(m)* de paiement	die Zahlungsanzeige, das Zahlungsavis
	l'accusé *(m)* de réception de paiement	die Zahlungseingangsbestätigung
1.	quantitativement	mengenmäßig
	l'envoi *(m)*	die Sendung

	le règlement mensuel	die monatliche Zahlung
	le règlement trimestriel	die vierteljährliche Zahlung
	le virement	die Überweisung
	le chèque	der Scheck
	le mandat-poste	die Postanweisung
	la lettre de change	der (gezogene) Wechsel
	la traite	der Wechsel, die Tratte
	le billet à ordre	der Solawechsel
	le crédit documentaire	das Dokumentenakkreditiv
	le commerce extérieur	der Außenhandel
	l'erreur *(f)*	der Fehler, der Irrtum
	l'interprétation *(f)*	die Auslegung
	l'escompte *(m)*	der (das) Skonto
	déduire	abziehen
	à tort	zu Unrecht
2.a.	la jante	die Felge
	la chaîne de montage	das Montageband
	dûment accepté, e	ordnungsgemäß akzeptiert
	tirer une traite sur qn	auf jn. einen Wechsel ziehen
b.	vérifier qc	etw. überprüfen
	être conforme à	einer Sache entsprechen
	solder	begleichen, bezahlen
	en annexe	als Anlage
	la B.N.C.I. (la Banque Nationale pour le Commerce et l'Industrie)	*staatliches französisches Geldinstitut*
c.	le total	der Gesamtbetrag
	porter une somme au crédit de qn	jm. eine Summe gutschreiben
d.	l'encadrement *(m)* du crédit	die Kreditbeschränkungen *(fpl)*
	les charges *(fpl)* financières	die finanziellen Belastungen *(fpl)*
	l'entreprise *(f)* industrielle	der Industriebetrieb
	en matière de crédit	in Bezug auf Kredite
	«par traite acceptée à 60 jours»	„durch akzeptierten 60-Tage-Wechsel"
	proroger l'échéance	die Laufzeit verlängern
	l'agio *(m)*	das Agio, das Aufgeld
	être à la charge de ...	zu Lasten von ... gehen
f.	en notre faveur	zu unseren Gunsten
	le taux d'intérêt	der Zinssatz
	en l'occurrence	im vorliegenden Fall
	être agréable à qn	jm. entgegenkommen, jm. dienen
g.	charger qn de faire qc	jn. beauftragen, etw. zu tun
	virer une somme à un compte	eine Summe auf ein Konto überweisen
	en règlement	zur Begleichung, zum Ausgleich
h.	mettre une somme à la charge de qn	js. Konto mit einer Summe belasten
	le prix de vente	der Verkaufspreis
	refacturer	wieder berechnen
	le plan	die Zeichnung
	le Service «Comptabilité»	die Buchhaltungsabteilung
	le prix de vente départ usine	der Ab-Werk-Preis
	la quote-part	der Anteil
	débiter qn d'une somme	js. Konto mit einer Summe belasten
	en sus	zusätzlich
	le droit de douane	der Zoll (den man bezahlt)
	la taxe	die Gebühr
	rembourser	zurückerstatten
	en remplacement	als Ersatz
	retourner qc à qn	jm. etw. zurücksenden
i.	la déduction	der Abzug

	«paiement dans les 30 jours net»	„Zahlung innerhalb von 30 Tagen netto“
j.	en couverture de	zur Deckung von, zur Begleichung von
	sous les réserves d'usage	unter den üblichen Vorbehalten
k.	la cisaille	die Blechschere
	le technicien	der Techniker
	la mise en place	die Aufstellung
	la date d'arrivée	das Ankunftsdatum

7 Renseignements commerciaux

	le renseignement commercial	die Auskunft
	la demande de renseignements	die Bitte um Auskunft, das Auskunftersuchen
1.	accorder un crédit à qn	jm. einen Kredit gewähren
	la solvabilité	die Zahlungsfähigkeit
	la loyauté	die Anständigkeit, die Ehrenhaftigkeit
	la pratique commerciale	das Geschäftsgebaren
	la réputation générale	der allgemeine Ruf, das allgemeine Ansehen
	la référence	die Referenz
	le correspondant	der Geschäftsfreund
	l'agence *(f)* de renseignements	die Auskunftei
	l'employé *(m)*	der Angestellte
	embaucher qn	jn. einstellen
	le service	der Dienst
	affranchir une lettre	einen Brief frankieren, freimachen
	l'étranger *(m)*	das Ausland
	le coupon-réponse international	der Internationale Antwortschein
	le bureau des P. et T. (Postes et Télécommunications)	das Postamt
	de la part d'un tiers	durch einen Dritten
	confidentiel	vertraulich
	l'auteur *(m)*	der Briefschreiber, der Absender
	la maison en question, ladite société	die genannte Firma
	la rédaction	die Abfassung
	la délicatesse	das Feingefühl, der Takt
	la mesure	die Zurückhaltung
2.a.	la fiche	der Zettel
	ci-joint, e	beiliegend
	la passation d'une commande	die Erteilung eines Auftrags
	la renommée	der Ruf, das Ansehen
	sans risque	ohne Bedenken
	urgent, e	dringend, eilig
	savoir gré à qn de qc	jm. für etw. dankbar sein
	le plus tôt possible	möglichst bald
	être disposé, e à	bereit sein zu
b.	jouir de qc	etw. genießen (z.B. guten Ruf)
	compter parmi	zählen zu
	avoir des ennuis	Schwierigkeiten haben
c.	être au regret de	bedauern zu
	de source bien informée	aus sicherer Quelle, aus gut unterrichteten Kreisen
	subir des pertes	Verluste erleiden
	conclure un marché	ein Geschäft abschließen
d.	la réponse évasive	die ausweichende Antwort
	l'espace *(m)* de temps	der Zeitraum
e.	l'entreprise *(f)* commerciale	das Handelsunternehmen
	être en mesure de	in der Lage sein zu

	être affecté, e	betroffen sein
f.	la compréhension	das Verständnis
	le bordereau	*hier:* der Zettel
	avoir affaire à qn	mit jm. zu tun haben
	Vous remerciant à l'avance ...	Mit bestem Dank im Voraus ...

8 Correspondance concernant des livraisons retardées

	la livraison retardée	die verzögerte Lieferung, der Lieferverzug
1.	consciencieux, se	gewissenhaft
	le délai convenu	die vereinbarte Frist
	respecter un délai	eine Frist einhalten
	le cas échéant	gegebenenfalls
	en compensation de	zum Ausgleich von
	à l'expiration de	nach Ablauf von
	le retard dans la livraison	der Lieferverzug
	le dommage	der Schaden
	les dommages-intérêts *(mpl)*	der Schadenersatz
	l'autorité *(f)*	die Behörde
	l'appel *(m)* d'offre	die Ausschreibung
	la force majeure	die höhere Gewalt
	l'incendie *(m)*	die Feuersbrunst, das Feuer
	l'inondation *(f)*	die Überschwemmung
	le tremblement de terre	das Erdbeben
	être dispensé, e de	befreit sein von
2.a.	l'exécution *(f)* d'un programme de livraison	die Ausführung eines Lieferprogramms
	le secteur industriel	der Industriezweig
	le stock est épuisé	das Lager ist erschöpft
	rattraper le temps perdu	die verlorene Zeit hereinholen
	le service «Ventes»	die Verkaufsabteilung
	dans la mesure du possible	möglichst
	faire de son mieux pour ...	sein Bestes tun, um zu ...
c.	le moteur électrique	der Elektromotor
	la borne spéciale	die Spezialklemme
	la fabrication	die Fertigung
	transmettre qc à qn	jm. etw. übermitteln
	la mise en fabrication	die Aufnahme der Fertigung
	la commande ferme	der Festauftrag
	cadencé, e	*hier:* in Teillieferungen unterteilt
	en fonction de	in Abhängigkeit von
	le besoin	der Bedarf
d.	le rappel	die Anmahnung
	le jersey nylon	der Nylonjersey
	effectuer la livraison	die Lieferung tätigen
e.	l'aspirateur *(m)* industriel	der Exhaustor, die Absauganlage
	une situation délicate	eine heikle Lage
f.	le collaborateur	der Mitarbeiter
	verbalement	mündlich
	apporter de la compréhension à qc	Verständnis zeigen für
g.	réclamer qc	etw. anmahnen, reklamieren
h.	le véhicule de voirie	das Kommunalfahrzeug
	les termes *(mpl)* du contrat	der Wortlaut des Vertrags
	l'article *(m)*	der Paragraph
	jusqu'à concurrence de	bis zu
	la somme du contrat	die Vertragssumme
	venir à échéance	fällig werden

9 Réclamations

	la réclamation	die Reklamation
	le règlement	die Regelung, die Regulierung
1.	endommagé, e	beschädigt
	la prise de position	die Stellungnahme
	inutilisable	unbrauchbar
	avoir le droit de	das Recht haben zu
	tel quel (telle quelle)	tel quel, in Bausch und Bogen
	l'industrie *(f)* automobile	die Kraftfahrzeugindustrie
	les articles *(mpl)* électriques	die Elektrogeräte
	le défaut de matière	der Materialfehler
	le vice de fabrication	der Herstellungsfehler
	s'engager à	sich verpflichten zu
	la faute lui incombe	er ist für den Fehler verantwortlich
	l'avarie *(f)*	der Schaden, die Havarie (auch: Haverei)
	être (bien) fondé, e	begründet sein
	reprendre la marchandise	die Ware zurücknehmen
	accorder des avantages	Vorteile gewähren
	le cas litigieux	der strittige Fall, der Streitfall
	à l'amiable	gütlich
	faire appel à	anrufen
	le conseil d'arbitrage	das Schiedsgericht
	le tribunal de commerce	das Handelsgericht
	la contestation	der Streitfall
2.a.	le dommage de transport	der Transportschaden
	le moteur en V	der V-Motor
	l'engin *(m)* porte-grue	das Kranträger-Fahrzeug
	l'amarrage *(m)*	die Verankerung
	un état déplorable	ein bedauernswerter Zustand
	le support	der Halter
	les accessoires *(mpl)*	*hier:* die Anbauteile
	le démarreur	der Anlasser
	la pompe de graissage	die Schmierpumpe
	faussé, e	gestaucht
	à titre de preuve	als Beweis
	l'atelier *(m)*	die Werkstatt
	remettre en état	instand setzen
	la main-d'œuvre	*hier:* der Arbeitslohn
	un relevé des frais encourus	eine Aufstellung der angefallenen Kosten
b.	le profilé	das Profileisen, der Profilträger
	l'avis *(m)* de modification	die Änderungsmitteilung
	sans délai	umgehend, unverzüglich
c.	la réclamation	die Beschwerde
	le manque de qualité	mangelnde Qualität
	le tissu	der Stoff
	aux frais de qn	auf js. Kosten
d.	renvoyer à	verweisen auf
	la pièce manquante	das Fehlteil, das fehlende Teil
	le service «Transports»	die Transportabteilung
	le service «Expéditions»	die Versandabteilung
e.	le compromis	der Kompromiss
	être sous garantie	unter die Garantie fallen
	la pièce défectueuse	das Defektteil, das schadhafte Teil
f.	la réparation	die Reparatur
	la demande en garantie	der Gewährleistungsantrag
g.	la responsabilité	die Verantwortung, die Haftung

	irréprochable	einwandfrei
	assumer la responsabilité	die Verantwortung übernehmen für
	dédommager qn	jn. entschädigen
	troubler les relations	die Beziehungen trüben
h.	le règlement des dommages	die Schadensregulierung
	le directeur commercial	der kaufmännische Direktor
	le directeur technique	der technische Direktor
	le compresseur	der Kompressor, der Luftpresser
	la bonne foi	der gute Glaube (*hier:* Wille)
	l'encombrement *(m)*	hier: der Platzbedarf
	l'exécution *(f)*	die Ausführung
	résister	*hier:* stark genug sein
	prendre qc à sa charge	etw. übernehmen
	les frais *(mpl)* de modification	die Änderungskosten
	estimer à	schätzen auf
	dans un esprit *(m)* commercial	*hier:* aus Kulanzgründen
	la reconnaissance de responsabilité	die Anerkennung der Verantwortung, der Haftung
	se mettre en rapport avec	sich in Verbindung setzen mit
	la ristourne	der Rabatt
	temporaire	vorübergehend
	récupérer	hereinbringen
	enregistrer	verzeichnen
	à titre transactionnel	als Kompromiss
	invoquer qc contre qn	etw. heranziehen gegen jn.
	à défaut de	mangels

10 Lettres de rappel et de mise en demeure

	la lettre de rappel	das Mahnschreiben, die Mahnung
	la mise en demeure	die (letzte) Mahnung, die Inverzugsetzung
	le sursis de paiement	der Zahlungsaufschub
1.	la créance	die Forderung
	le créancier	der Gläubiger
	l'oubli *(m)*	das Versehen
	le débiteur	der Schuldner
	la facture venue à échéance	die fällig gewordene Rechnung
	catégorique	bestimmt
	rester sans effet	ohne Ergebnis, ohne Erfolg bleiben
	les mesures *(fpl)* adéquates	die geeigneten Maßnahmen
	le non-paiement	die Nichtbezahlung
	mettre qn en demeure	jn. in Verzug setzen
	la lettre recommandée	der eingeschriebene Brief
	le Code Civil	*entspricht dem Bürgerlichen Gesetzbuch*
	l'obligation *(f)* contractuelle	die vertragliche Verpflichtung
	la démarche	der Schritt, die Maßnahme
	l'encaissement *(m)*	die Einziehung
	le commandement	der Zahlungsbefehl
	avoir recours aux moyens légaux	die Rechtsmittel in Anspruch nehmen
	recouvrer	einziehen, eintreiben
	la somme due	der geschuldete Betrag
	s'acquitter de ses obligations	seinen Verpflichtungen nachkommen
	la prolongation du délai de paiement	die Verlängerung der Zahlungsfrist
	donner suite à une demande	einem Ersuchen stattgeben
	faire preuve de qc	etw. beweisen
2.a.	en date du ...	vom ...

b.	En vérifiant nos livres ...	Bei Durchsicht unserer Bücher ...
d.	le dernier délai	die letzte Frist
e.	cité, e en rubrique	oben erwähnt
	sous huitaine	innerhalb von 8 Tagen
f.	le retard dans le paiement	der Zahlungsrückstand
	le service «Exportation»	die Exportabteilung
g.	la récession économique	der wirtschaftliche Rückgang, die „Flaute"
h.	faire face à des engagements	Verpflichtungen nachkommen
	être dans l'obligation de ...	sich gezwungen sehen zu ...
i.	les fortes échéances *(fpl)*	*hier:* erhebliche Verpflichtungen *(fpl)*
j.	le paiement partiel	die Teilzahlung
	la faillite	der Konkurs
	le solde	der Rest
	la traite à 60 jours de vue	der 60-Tage-Sichtwechsel
	honorer une traite	einen Wechsel honorieren
l.	la situation tendue	die angespannte Lage
	le marché des capitaux	der Kapitalmarkt
	le paiement comptant	die Barzahlung
	dûment accepté, e	ordnungsgemäß unterzeichnet
m.	à l'expiration du sursis	nach Ablauf des Zahlungsaufschubs

11 Demandes d'emploi

	la demande d'emploi	das Stellengesuch, das Bewerbungsschreiben
1.	l'avenir *(m)* professionnel	die berufliche Zukunft
	apporter un soin particulier à	besondere Sorgfalt verwenden auf
	le curriculum vitae	der Lebenslauf
	le curriculum vitae synoptique	der tabellarische Lebenslauf
	la formation générale	die allgemeine Ausbildung
	la formation professionnelle	die Berufsausbildung
	les connaissances *(fpl)* professionnelles	die beruflichen Kenntnisse
	acquérir des connaissances	Kenntnisse erwerben
	le diplôme	das Zeugnis
	le certificat	die Bescheinigung, das Zeugnis
	l'employeur *(m)*	der Arbeitgeber
	le service du personnel	die Personalabteilung
2.a.	le quotidien	die Tageszeitung
	poser sa candidature	sich bewerben
	au sein de	innerhalb
	se tenir à la disposition de qn	sich zu js. Verfügung halten
	s'installer à	sich niederlassen in
b.	solliciter	hier: sich bewerben um
	la traductrice	die Übersetzerin
	l'interprète *(f)*	die Dolmetscherin
	l'emploi *(m)* intérimaire / temporaire	die Zeitarbeit
	le stage	das Praktikum
c.	la date de naissance	das Geburtsdatum
	le lieu de naissance	der Geburtsort
	la nationalité	die Staatsangehörigkeit
	la situation de famille	der Familienstand
	célibataire	ledig
	les études *(fpl)* secondaires	die höhere Schulbildung
	le B.E.P.C. (= Brevet d'études du premier cycle)	*entspricht etwa der mittleren Reife*
	le cours du soir	der Abendkurs
	la comptabilité	die Buchführung
	le cours par correspondance	der Fernkurs

	le droit commercial	das Handelsrecht
	la langue étrangère	die Fremdsprache
	le lycée	*entspricht etwa dem Gymnasium*
	l'expérience *(f)* professionnelle	die Berufserfahrung
	l'employé *(m)* de bureau	der Büroangestellte
	l'aide-comptable *(m)*	der Hilfsbuchhalter
	le correspondancier commercial	der Handelskorrespondent
	de mon plein gré	aus eigenem Wunsch
	au cours de	im Laufe von
d.	manuscrit, e	handschriftlich, handgeschrieben
e.	prendre (bonne) note de qc	etw. notieren
f.	la qualification professionnelle	die berufliche Qualifikation
	le certificat de travail	das Arbeitszeugnis
	le C.A.P. (= Certificat d'aptitude professionnelle)	der Facharbeiterbrief, der Befähigungsnachweis
	la petite annonce	die Kleinanzeige
	l'issue *(f)*	*hier:* das Ergebnis, der Ausgang

12 Foires, salons et expositions

1.	la foire, le salon	die Messe
	la foire spécialisée	die Fachmesse
	le salon professionnel	die Fachmesse
	l'exposition *(f)*	die Ausstellung
	périodiquement	regelmäßig
	se presser devant un stand	sich vor einem Stand drängen
	la démonstration	die Vorführung
	le dépliant	der Faltprospekt
	le professionnel	der Fachmann
	le secteur	der Bereich, die Branche
	certains jours donnés	an bestimmten Tagen
	nouer des contacts	Kontakte knüpfen
	l'innovation *(f)* technique	die technische Neuerung
	la passation de commande	das Erteilen eines Auftrages
	une œuvre d'art	ein Kunstwerk
	la Semaine Verte	die Grüne Woche
	l'exposition *(f)* agricole	die landwirtschaftliche Ausstellung
	les floralies *(fpl)*	die Blumenschau
	l'horticulture *(f)*	der Gartenanbau
2.a.	le dossier de presse	die Messeunterlagen für die Presse
	la boutique de lainages	das Strickwarengeschäft
b.	le bulletin d'inscription et de réservation de stand	Aussteller-Anmeldung und Standbestellungsformular
c.	l'exposant *(m)*	der Aussteller
	le rassemblement	der Treffpunkt
	la promotion	die Förderung
	l'amateur *(m)*	der Laie, der Amateur
	l'objectif *(m)*	das Ziel
	le loisir	die Freizeitbeschäftigung
	contemporain	zeitgenössisch
	l'animation *(f)*	*hier:* die Veranstaltung
d.	le stand non-équipé	der nicht eingerichtete Stand
	le stand tout équipé	der Fertigstand
	le stand 1 face libre	der Reihenstand
	le stand 2 faces libres	der Eckstand
	le stand 3 faces libres	der Kopfstand
	le stand 4 faces libres	der Blockstand

	les frais *(mpl)* publicitaires	die Werbekosten
	TTC (toutes taxes comprises)	inklusiv alle Gebühren
e.	se tenir du ... au ...	stattfinden von ... bis ...
	un thème mis en valeur	ein Schwerpunktthema
	les applications *(fpl)* techniques	die technischen Anwendungen *(fpl)*
	l'éleveur	der Züchter
	le constructeur	der Landmaschinenbauer
	la biennale	die Ausstellung, die alle zwei Jahre stattfindet
	la bureautique	die Bürotechnik
	l'informatique *(f)*	die Informatik
	la manutention	die Verladetechnik
	les travaux publics *(mpl)*	die Bauarbeiten *(fpl)* der öffentlichen Hand
	le colloque	das Kolloquium
	les bois tropicaux *(mpl)*	exotische Hölzer
	la carte de légitimation	der Berechtigungsausweis

Abréviations

(*m*) = masculin
(*f*) = féminin
(*pl*) = pluriel
qc = quelque chose
qn = quelqu'un

(*n*) = sächlich
etw. = etwas
jm. = jemandem
jn. = jemanden
js. = jemandes

3 Index alphabétique

L'index alphabétique contient les termes économiques et commerciaux de tout le manuel, y compris ceux du glossaire.

A

acceptation *f*	1. Annahme *f*, 2. Akzept *n*
accepter	annehmen, akzeptieren
accord *m*	Abkommen *n*, Vertrag *m*
d'un commun ~	in gemeinsamem Einvernehmen
accorder	gewähren, einräumen
~ des avantages	Vorteile gewähren
~ des conditions	Bedingungen einräumen
~ un crédit	einen Kredit gewähren
~ un prix préférentiel	einen Vorzugspreis einräumen
~ une remise de … sur …	einen Preisnachlass von … auf … einräumen
accusé *m* de réception	Empfangsbestätigung *f*
~ de commande	Auftragsbestätigung *f*
~ de marchandises	Wareneingangsbestätigung *f*
~ de paiement	Zahlungseingangsbestätigung *f*
accuser réception de …	den Empfang von … bestätigen
achat *m*	Kauf *m*, Einkauf *m*
acheteur *m*	Käufer *m*
acompte *m*	Anzahlung *f*
adresse *f*	Adresse *f*, Anschrift *f*
~ télégraphique	Telegrammadresse *f*, Drahtanschrift *f*, Kabeladresse *f*
affaire *f*	Geschäft *n*
avoir ~ à	zu tun haben mit
affranchir	frankieren, freimachen
agence *f* de renseignements	Auskunftei *f*
agent *m*	Handelsvertreter *m*
agio *m*	Agio *n*, Aufgeld *n*
agir en son propre nom	in seinem Namen handeln
amiable	gütlich (Adj.)
à l'~	gütlich (Adv.)
amortissement *m*	Amortisierung *f*, Tilgung *f*, Rückzahlung *f*
analyse *f* du marché	Marktanalyse *f*
annexe *f*	Anlage *f*, Anhang *m*
en ~	als Anlage
annonce *f*	Anzeige *f*, Annonce *f*
annuaire *m*	Adressbuch *n*, Telefonbuch *n*, Jahrbuch *n*
annulation *f*	Widerruf *m*, Rückgängigmachung *f*
annuler	widerrufen, zurückziehen, annullieren
appel *m* d'offre	Ausschreibung *f*
approvisionner	versorgen
s'~ de qc auprès de qn	etw. bei jm. kaufen
arbitrage *m*	Schiedsspruch *m*
arrêté *m*	1. Erlass *m*, 2. Rechnungsabschluss *m*, Kontenabschluss *m*
article *m*	1. Artikel *m* (Erzeugnis), 2. Artikel *m* (Recht), 3. Paragraph *m*
associé *m*	Gesellschafter *m*

assumer la responsabilité de	die Verantwortung übernehmen für
assurance *f*	Versicherung *f*
attention *f*, à l'~ de	zu Händen
augmentation *f*	Erhöhung *f*
~ des salaires	Lohnerhöhung *f*
autorité *f*	Behörde *f*
aval *m*	Wechselbürgschaft *f*, Avalakzept *n*
avaliser une traite	eine Wechselbürgschaft leisten
avance *f*	Vorauszahlung *f*, Vorschuss *m*
à l'~	im Voraus
avarie *f*	Schaden *m*, Havarie *f*, Haverei *f*
avion *m*, par ~	mit Luftpost
avis *m*	Benachrichtigung *f*
~ de crédit	Gutschriftanzeige *f*
~ de débit	Belastungsanzeige *f*, Lastschriftanzeige *f*
~ d'expédition	Versandanzeige *f*
~ de modification	Änderungsmitteilung *f*
~ de paiement	Zahlungsanzeige *f*, Zahlungsavis *n*
avocat *m*	Rechtsanwalt *m*
avoir *m*	Gutschrift *f*

B

banque *f*	Bank *f*
bénéficiaire *m*	Begünstigter *m*
bénéficier de qc	in den Genuss von etw. kommen
besoin *m*	Bedarf *m*
bien *m*	Gut *n*
les ~s d'investissement	Investitionsgüter *npl*
billet à ordre *m*	Solawechsel *m*, Eigenwechsel *m*
boîte postale *f* (B.P.)	Postfach *n*
bon *m*	Schein *m*, Gutschein *m*
~ de commande	Bestellschein *m*
~ de livraison	Lieferschein *m*
brevet *m*	Patent *n*
bulletin d'inscription *m*	Anmeldeformular *n*
bureau *m*	Büro *n*
bureautique *f*	Bürotechnik *f*
bureau des P. et T. (Postes et Télécommunications)	Postamt *n*

C

caisse *f*	1. Kiste *f*, 2. Kasse *f*
candidat *m*	Bewerber *m*, Kandidat *m*
candidature *f*	Bewerbung *f*
carte de légitimation *f*	Berechtigungsausweis *m*
carte-réponse *f*	Antwortkarte *f*
catalogue *m*	Katalog *m*
centre *m* des chèques postaux	Postscheckamt *n*
certificat *m*	Bescheinigung *f*, Zeugnis *n*
~ d'origine	Ursprungszeugnis *n*
~ de travail	Arbeitszeugnis *n*
chaîne de montage *f*	Montageband *n*
Chambre *f* de Commerce	Handelskammer *f*
Chambre *f* de Commerce Internationale	Internationale Handelskammer *f*
charge *f*	Last *f*, Belastung *f*
à la ~ de	zu Lasten von
à notre ~	zu unseren Lasten

à votre ~	zu Ihren Lasten
chef *m* de service	Abteilungsleiter *m*
chèque *m*	Scheck *m*
~ bancaire	Bankscheck *m*
~ barré	Verrechnungsscheck *m*
~ à ordre	Orderscheck *m*
~ au porteur	Inhaberscheck *m*
~ postal	Postscheck *m*
~ de virement	(Postgiro)Überweisung *f*
chiffre *m* d'affaires	Umsatz *m*
ci-joint, e (veränderlich nur bei Nachstellung)	beiliegend, anbei
circulaire *f*	Rundschreiben *n*
clause *f* attributive de juridiction	Gerichtsstandklausel *f*
clavier *m*	Tastatur *f*
client *m*	Kunde *m*
clientèle *f*	Kundschaft *f*
Code *m* Civil	Bürgerliches Gesetzbuch *n*
colis *m*	Frachtstück *n*
~ postal	Postpaket *n*
collaborateur *m*	Mitarbeiter *m*
collaboration *f*	Zusammenarbeit *f*
colloque *m*	Kolloquium *n*
commande *f*	Bestellung *f*, Auftrag *m*
~ d'essai	Probeauftrag *m*
~ ferme	Festauftrag *m*
une ~ dépassant ...	eine Bestellung über
passer ~ à qn	jm. einen Auftrag erteilen
une première commande	ein Erstauftrag *m*
commerçant *m*	Kaufmann *m*, Händler *m*
commerce *m*	Handel *m*
~ extérieur	Außenhandel *m*
commission *f*	Provision *f*
compagnie *f* de chemin de fer	Eisenbahngesellschaft *f*
compagnie *f* de navigation	Schifffahrtsgesellschaft
compétitif, ve	wettbewerbsfähig
compromis *m*	Kompromiss *m*
comptabilité *f*	Buchhaltung *f*, Buchführung *f*
comptant	bar
~ contre documents	Kasse gegen Dokumente
compte *m*	Konto *n*
~ chèque postal (C.C.P.)	Postscheckkonto *n*
pour le ~ de	für Rechnung von
comptoir *m*	Kontor *n*
Concerne:	betrifft:
concession *f*	1. Konzession *f*, 2. Vergabe *f* (z.B. einer Lizenz)
concessionnaire *m*	Vertragshändler *m*, Konzessionär *m*
conclure	abschließen
~ un accord	ein Abkommen, einen Vertrag abschließen
~ un contrat	einen Vertrag abschließen
~ un marché	ein Geschäft abschließen
concurrence *f*	Wettbewerb *m*, Konkurrenz *f*
jusqu'à ~ de	bis zur Höhe von, bis zu
concurrent *m*	Konkurrent *m*
concurrentiel, le	konkurrenzfähig
condition *f*	Bedingung *f*
~s de livraison	Lieferbedingungen *fpl*
~s de paiement	Zahlungsbedingungen *fpl*

~s de règlement	Zahlungsbedingungen *fpl*
~s de vente	Verkaufsbedingungen *fpl*
conditionnement *m*	Verpackung *f*, Aufmachung *f*
confidentiel, le	vertraulich
confirmation *f*	Bestätigung *f* (z. B. eines eigenen Telegrammes, einer telefonischen Absprache, eines Vertragsabschlusses)
confirmer	bestätigen
congés *mpl* annuels	Betriebsferien *fpl*, Jahresurlaub *m*
conjoncture *f*	Konjunktur *f*
connaissement *m*	Konnossement *n*
conseil *m* d'arbitrage	Schiedsgericht *n*
consommateur *m*	Verbraucher *m*
constructeur *m*	Hersteller *m* (nicht Konstrukteur!)
contestation *f*	Streit *m*, Streitfall *m*
contrat *m*	Vertrag *m*
~ de représentation	Vertretervertrag *m*
~ de vente	Kaufvertrag *m*
copie *f*	Kopie *f*
copie conforme (c.c.)	Kopie des Originals
envoyer copie de qc à qn	Kopie von etw. an jn. senden
correspondancier *m* (commercial)	(Handels)Korrespondent *m*
correspondant *m*	Geschäftsfreund *m* (nicht Korrespondent!)
coupon-réponse *m* international	Internationaler Antwortschein *m*
courant (ct)	dieses Monats
courrier *m*	Post *f* (die Briefe)
par retour du ~	umgehend
par ~ séparé	mit getrennter Post
cours *m*	Kurs *m*
~ du change	Wechselkurs *m*
~ par correspondance	Fernkurs *m*, Fernlehrgang *m*
coût *m*	Kosten *fpl*
couverture *f*	Deckung *f*
en ~ de	zur Deckung von
créance *f*	Forderung *f*
créancier *m*	Gläubiger *m*
crédit *m*	Kredit *m*
«crédit» *m*	„Haben"
~ bail	Leasing *n*
~ documentaire	Dokumentenakkreditiv *n*
~ documentaire irrévocable et confirmé	unwiderrufliches und bestätigtes Dokumentenakkreditiv
porter une somme au ~ de qn	jm. eine Summe gutschreiben
créditer qn d'une somme	jm. eine Summe gutschreiben
curriculum *m* vitae	Lebenslauf *m*

D

date *f*	Datum *n*
~ d'arrivée	Ankunftsdatum *n*
~ d'expédition	Versanddatum *n*
~ de naissance	Geburtsdatum *n*
en ~ du	(Schreiben) vom
«débit» *m*	„Soll"
porter une somme au ~ de qn	js. Konto mit einer Summe belasten
débiter qn d'une somme	js. Konto mit einer Summe belasten
débiteur *m*	Schuldner *m*
débouché *m*	Absatzmarkt *m*

dédommager	entschädigen
déduction *f*	Abzug *m*
~ faite de	abzüglich
déduire	abziehen
défaut *m*	Fehler *m*
~ de matière	Materialfehler *m*
~ systématique	Serienfehler *m*
à ~ de	mangels
délai *m*	Frist *f*
~ de livraison	Lieferzeit *f*, Lieferfrist *f*
~ de paiement	Zahlungsfrist *f*
sans ~	umgehend
demande *f*	Frage *f*, Anfrage *f*, Gesuch *n*, Antrag *m*, Bitte *f*
~ d'emploi	Stellengesuch *n*, Bewerbungsschreiben *n*
~ en garantie	Gewährleistungsantrag *m*
~ d'information(s)	Anfrage *f (Bitte um Auskunft)*
~ d'offre	Anfrage *f (Bitte um ein Angebot)*
~ d'offre écrite	schriftliche Anfrage
~ d'offre générale	allgemeine Anfrage
~ d'offre spéciale	bestimmte Anfrage
~ d'offre verbale	mündliche Anfrage
~ de prix	Preisanfrage *f*
~ de renseignements	Anfrage *f*, Bitte *f* um Auskunft
démonstration *f*	Vorführung *f*
départ *m*	Abreise *f*, Abfahrt *f*, Abgang *m*
~ gare de ...	ab Bahnhof ...
dépense *f*	Ausgabe *f*
dépenser	ausgeben
dépliant *m*	Faltprospekt *m*
dérogation *f*	Abweichung *f*
destinataire *m*	Empfänger *m*
devis *m*	Kostenvoranschlag *m*
diplôme *m*	Zeugnis *n*
distributeur *m*	Verteiler *m*, Verkäufer *m*, Vertreter *m*
distribution *f*	Verteilung *f*, Vertrieb *m*
document *m*	Dokument *n*, Unterlage *f*
~s d'embarquement	Verschiffungspapiere *npl*
~s d'expédition	Versandpapiere *npl*
~s contre acceptation	Dokumente gegen Akzept
doit *m*	1. Lastschrift *f*, 2. Rechnung *f*
domiciliation *f*	Domizilierung *f*
dommage *m*	Schaden *m*
~ direct	direkter Schaden
~ indirect	indirekter Schaden
~s-intérêts (ou ~ et intérêts)	Schadenersatz *m*
~ de transport	Transportschaden *m*
dossier *m* de presse	Messeunterlagen *fpl*
douane *f*	Zoll *m* (Zollverwaltung *f*)
droit *m*	1. Recht *n*, 2. Abgabe *f*
~ commercial	Handelsrecht *n*
~ de douane	Zoll *m* (den man bezahlt)
avoir le ~ de	das Recht haben zu
avoir ~ à	Anspruch haben auf
dûment	ordnungsgemäß
duplicata *m*	Duplikat *n*

E

échanges *mpl*	Handel *m*, Warenaustausch *m*
échantillon *m*	Muster *n*, Probe *f*
échéance *f*	Fälligkeit *f*, Fälligkeitsdatum *n*
venir à ~	fällig werden
école *f* professionnelle	Berufsschule *f*, Gewerbeschule *f*
écoulé (du mois écoulé)	vom letzten Monat
écoulement *m*	Absatz *m*, Verkauf *m*, Vertrieb *m*
écouler	absetzen, verkaufen
écran *m*	Bildschirm *m*
~ monochrome	Monochrombildschirm
~ couleur	Farbbildschirm *m*
écriture *f*	Eintragung *f* (in Geschäftsbücher)
effectuer la livraison	die Lieferung durchführen
effet *m* de commerce	Wechsel *m* (Dachbegriff)
emballage *m*	Verpackung *f*
~ consigné	Verpackung *f*, die zurückgegeben wird
~ perdu	Wegwerfverpackung *f*, Einwegverpackung *f*
emballer	verpacken
embarquer	verschiffen
embaucher	einstellen (Arbeitskraft)
emploi *m* intérimaire	Zeitarbeit *f*
employé *m*	der Angestellte
employeur *m*	Arbeitgeber *m*
encadrement *m* du crédit	Kreditbeschränkungen *fpl*
encaisser	einziehen (Wechsel), einlösen (Scheck)
endossataire *m*	Indossatar *m*
endossement *m*	Indossament *n*, Indossierung *f*
endosser	indossieren, girieren
endosseur *m*	Indossant *m*, Girant *m*, Vormann *m*
engagement *m*	Verpflichtung *f*, Verbindlichkeit *f*
~s sociaux	Verbindlichkeiten *fpl* einer Gesellschaft
enregistrer	verzeichnen, eintragen
enseigne *f*	1. Firmenzeichen *n*, 2. Firmenschild *n*
en-tête *m*	Briefkopf *m*
entreprise *f*	Unternehmen *n*
~ commerciale	Handelsunternehmen *n*
~ industrielle	Industrieunternehmen *n*
entretien *m* téléphonique	Telefongespräch *n*
enveloppe *f*	Briefumschlag *m*, Briefhülle *f*
~ à fenêtre	Fensterbriefumschlag *m*
envoi *m*	Sendung *f*
envoyer	senden, schicken
escompte *m*	1. Skonto *m* (auch: *n*), 2. Diskont *m*
estampiller	stempeln
établissements *mpl*	Firma *f*
exécuter (p. ex. une commande)	ausführen (z. B. Bestellung)
exécution *f*	Ausführung *f*
en ~ de	in Ausführung
exemplaire *m*	Exemplar *n*
en double ~	in doppelter Ausfertigung
en triple ~	in dreifacher Ausfertigung
en quadruple ~	in vierfacher Ausfertigung
en quintuple ~	in fünffacher Ausfertigung
expédier	versenden, absenden
expéditeur *m*	Absender *m*
expédition *f*	Versand *m*

expertise *f*	Gutachten *n*
expiration *f*	Ablauf *m*
à l'~ de	nach Ablauf von
exploitation *f*	Betrieb *m*
exportateur *m*	Exporteur *m*
exportation *f*	Ausfuhr *f*, Export *m*
exposant *m*	Aussteller *m*
exposition *f*	Ausstellung *f*
~ agricole	landwirtschaftliche Ausstellung
~ internationale de la Photographie et Cinématographie	PHOTOKINA *f*
exprès, par ~	als Eilgut, per Eilboten
extrait *m* de compte	Kontoauszug *m*

F

fabricant *m*	Hersteller *m*
fabrication *f*	Herstellung *f*, Fertigung *f*
facturation *f*	Rechnungsstellung *f*, Fakturierung *f*
facture *f*	Rechnung *f*, Faktura *f*
~ commerciale	Handelsrechnung *f*
~ consulaire	Konsulatsfaktura *f*
~ de débit	Lastschrift *f*
~ douanière	Zollfaktura *f*
~ de fret	Frachtrechnung *f*
~ pro forma	Proforma-Rechnung *f*
~ en suspens	offene Rechnung
facturer	berechnen, fakturieren
faillite *f*	Konkurs *m*
faveur *f*	Gunst *f*
en notre ~	zu unseren Gunsten
en votre ~	zu Ihren Gunsten
fiche *f*	Zettel *m*, Schein *m*
firme *f*	Firma *f*
force *f* majeure (en cas de ~)	höhere Gewalt (bei ~)
formation *f* professionnelle	Berufsausbildung *f*
forme *f*	Form *f*
~ d'une société	Gesellschaftsform *f*
en bonne et due ~	vorschriftsmäßig, ordnungsgemäß
pour la bonne ~	der Ordnung halber
formulaire *m*	Formular *n*
fournir	liefern
fournisseur *m*	Lieferant *m*
fourniture *f*	Lieferung *f*
frais *mpl*	Kosten *fpl*
~ d'affranchissement	Porto *n*
~ d'assurance	Versicherungskosten *fpl*
~ d'emballage	Verpackungskosten *fpl*
~ de transport	Transportkosten *fpl*
les ~ encourus	die angefallenen Kosten
~ publicitaires	Werbekosten *fpl*
aux ~ de qn	auf js. Kosten
à nos ~	auf unsere Kosten
à vos ~	auf Ihre Kosten
franco domicile	frei Haus
fraude *f*	Fälschung *f*, Betrug *m*
fret *m*	Fracht *f*
(par) ~ aérien	(per) Luftfracht *f*

G

garantie *f*	Garantie *f*
gare *f*	Bahnhof *m*
~ de départ	Versandbahnhof *m*
~ destinataire	Bestimmungsbahnhof *m*
~ d'expédition	Versandbahnhof *m*
gérant *m*	Geschäftsführer *m*
grève *f*	Streik *m*

H

habitation *f* à loyer modéré (H.L.M. *m/f*)	*entspricht etwa der Sozialwohnung*
honorer une traite	einen Wechsel honorieren
huissier *m*	Gerichtsvollzieher *m*
huitaine *f*, sous ~	innerhalb von acht Tagen

I

immatriculation *f*	Eintragung *f*
importateur *m*	Importeur *m*
importation *f*	Einfuhr *f*, Import *m*
indemniser	entschädigen
indemnité *f*	Entschädigung *f*, Schadenersatz *m*
informatique *f*	Informatik *f*
innovation *f*	Neuerung *f*
inspection *f* du travail	Gewerbeaufsichtsamt *n*
Institut *m* National de la Statistique et des Études Économiques (I.N.S.E.E.)	Nationales Statistisches Institut (Frankreich) *(entspricht etwa dem Statistischen Bundesamt)*
interprète *m/f*	Dolmetscher/in *m/f*
irrévocable	unwiderruflich

L

lancer un produit sur le marché	ein Erzeugnis auf den Markt bringen
lettre *f*	Brief *m*, Schreiben *n*
~ par avion	Luftpostbrief *m*
~ de change	Wechsel *m*, Tratte *f*
~ publicitaire	Werbebrief *m*
~ de rappel	Mahnschreiben *n*, Mahnung *f*
~ recommandée	eingeschriebener Brief
~ de voiture	Frachtbrief *m*
licence *f*	Lizenz *f*
~ d'importation	Einfuhrlizenz *f*
lieu *m*	Ort *m*
~ de destination	Bestimmungsort *m*
~ de livraison	Lieferort *m*
~ de naissance	Geburtsort *m*
litige *m*	Streit *m*, Streitfall *m*
litigieux, se	strittig
livraison *f*	Lieferung *f*
~ partielle	Teillieferung *f*
livrer	liefern
livres *mpl* (de commerce)	Geschäftsbücher *npl*
logo *m*	Markenzeichen *n*
loyauté *f*	Anständigkeit *f*, Ehrenhaftigkeit *f*

M

magasin *m*	1. Laden *m*, 2. Lager *n*
grand ~	Kaufhaus *n*, Warenhaus *n*
avoir en ~	auf Lager haben

main-d'œuvre *f*	1. Arbeitskräfte *fpl*, 2. Arbeitslohn *m*
maison *f*	Firma *f*, Handelsbetrieb *m*
majoration *f*	Erhöhung *f*
majorer le prix	den Preis erhöhen
mandataire *m*	Beauftragter *m*, Bevollmächtigter *m*
mandat-poste *m*	Postanweisung *f*
manufacture *f*	Fabrik *f*, Manufaktur *f*
manuscrit, e	handschriftlich, handgeschrieben
manutention *f*	Verladetechnik *f*
marché *m*	1. Markt *m*, 2. Geschäft *n*
~ des capitaux	Kapitalmarkt *m*
~ intérieur	einheimischer Markt
marquage *m*	Kennzeichnung *f*
marque *f*	Marke *f*, Zeichen *n*
~ déposée	eingetragenes Warenzeichen
~ de fabrique	Warenzeichen *n*, Fabrikmarke *f*
mettre en demeure	in Verzug setzen
micro-ordinateur *m*	Personalcomputer *m*
~ portable	Laptop *m*
mise *f* en demeure	Inverzugsetzung *f*, (letzte) Mahnung *f*
modalités *fpl* de paiement	Zahlungsmodalitäten *fpl*
mode *m* d'expédition	Versandart *f*
mode *m* de paiement	Zahlungsmodus *m*, Zahlungsweise *f*
moyen *m*	Mittel *n*, Möglichkeit *f*
~s légaux	Rechtsmittel *npl*
~ de production	Produktionsmittel *n*
~ de transport	Verkehrsmittel *n*, Transportmittel *n*

N

nationalité *f*	Staatsangehörigkeit *f*
navire *m*	Schiff *n*
négociation *f*	Verhandlung *f*
négocier une traite	einen Wechsel weitergeben
non-paiement *m*	Nichtbezahlung *f*
notaire *m*	Notar *m*
note *f*	1. Mitteilung *f*, 2. Rechnung *f* (Hotel)
prendre (bonne) ~ de qc	etw. notieren
nouer des contacts	Kontakte knüpfen
novation *f*	Schuldumwandlung *f*
numéro *m*	Nummer *f*
~ de code du département (ou: de code postal)	Postleitzahl *f*
~ de téléphone	Telefonnummer *f*, Fernsprechnummer *f*
~ vert	kostenloser Anruf unter der Nummer ...

O

Objet:	Betreff:
obligation *f*	Verpflichtung *f*
office *m*	Amt *n*, Büro *n*
offre *f*	Angebot *n*
~ sans engagement	freibleibendes Angebot
~ ferme	bindendes Angebot, festes Angebot
~ spontanée	unverlangtes Angebot
offrir	anbieten
ordre *m*	Auftrag *m*, Bestellung *f*, Order *f*
~ d'expédition	Versandauftrag *m*
jusqu'à nouvel ~	bis auf weiteres
ouvrir un crédit	ein Akkreditiv eröffnen

P

paiement *m*	Zahlung *f*, Bezahlung *f*
~ comptant	Barzahlung *f*
papier *m* à lettres	Briefpapier *n*
paragraphe *m*	Absatz *m*
par ordre *m* (p.o.)	per Auftrag *m*
par procuration *f* (p.p.)	per Prokura *f*
participation *f* forfaitaire	Versandpauschale *f*
particulier *m*	Privatperson *f*
passation *f* (d'une commande, d'un marché)	Erteilung *f*, Vergabe *f* (eines Auftrags)
passer commande à qn	jm. einen Auftrag erteilen
payable	zahlbar
payer	zahlen
pays *m*	Land *n*
~ destinataire	Bestimmungsland *n*
~ exportateur	Ausfuhrland *n*
~ importateur	Einfuhrland *n*
~ d'origine	Ursprungsland *n*
personne *f* privée	Privatperson *f*
perte *f*	Verlust *m*
pièce *f*	1. Teil *n*, 2. Dokument *n*
~ détachée	Einzelteil *m*
~(s) jointe(s) (P.J.)	Anlage(n) *fpl*
~ justificative	Beleg *m*
plainte *f*	Klage *f*
poids *m*	Gewicht *n*
~ brut	Bruttogewicht *n*
~ net	Nettogewicht *n*
police *f*	Police *f*
~ d'assurance	Versicherungspolice *f*
~ nominative	Namenspolice *f*
~ à ordre	Orderpolice *f*
~ au porteur	Inhaberpolice *f*
polycopier	hektographieren
port *m*	1. Hafen *m*, 2. Porto *n*
~ de destination	Bestimmungshafen *m*
~ d'embarquement	Verschiffungshafen *m*
~ payé	frei, Porto bezahlt
en ~ dû	unfrei
poser sa candidature	sich bewerben
pratique *f* commerciale	Geschäftsgebaren *n*
présentation *f*	Aufmachung *f*
président-directeur *m* général (P.-D. G.)	*vergleichbar mit dem Vorstandsvorsitzenden*
prime *f*	Prämie *f*
prix *m*	Preis *m*
~ avantageux	günstiger Preis
~ compétitif	wettbewerbsfähiger Preis
~ courant	Preisliste *f*
~ départ usine	Ab-Werk-Preis *m*
~ à l'exportation	Exportpreis *m*
~ favorable	günstiger Preis
~ net	Nettopreis *m*
~ -tarif	Preisliste *f*
~ total	Gesamtpreis *m*
~ unitaire	Einheitspreis *m*
~ de vente	Verkaufspreis *m*
le meilleur ~	der günstigste Preis

producteur *m*	Hersteller *m*
productivité *f*	Produktivität *f*
professionnel *m*	Fachmann *m*
programme *m*	Programm *n*
~ de livraison	Lieferprogramm *n*
~ de vente	Verkaufsprogramm *n*
prolongation *f*	Verlängerung *f*
promotion *f*	Förderung *f*
~ des ventes	Verkaufsförderung *f*
propriété *f*	Eigentum *n*
proroger	verlängern
prospectus *m*	Prospekt *m*
publicité *f*	Werbung *f*, Reklame *f*

Q

quote-part *f*	Anteil *m*

R

rabais *m*	Preisnachlass *m*
raison *f* sociale	Firmenname *m*, Firma *f*
rappel *m*	Mahnung *f*, Anmahnung *f*
rappeler	zurückrufen, abrufen, anmahnen, reklamieren
à ~ s.v.p.	in der Antwort bitte angeben
réalisation *f* d'un risque	Eintritt *m* eines Schadensfalls
réception *f*	Empfang *m*, Eingang *m*
~ de la facture	Rechnungseingang *m*
accuser ~ de	den Empfang von ... bestätigen
dès ~ de	(gleich) nach Erhalt von ...
récession *f*	Rückgang *m*, Rezession *f*
réclamation *f*	Reklamation *f*
réclamer	anmahnen, reklamieren
reconnaissance *f*	Anerkennung *f*, Anerkenntnis *n*
recouvrer	einziehen, eintreiben
recto *m*	Vorderseite *f*
au ~	auf der Vorderseite
réduction *f*	Preisermäßigung *f*
référence *f*	1. Diktat-, Bezugszeichen *n*, 2. Referenz *f*
notre ~	unser Zeichen
votre ~	Ihr Zeichen
Registre *m* du Commerce et des Sociétés	Handelsregister *n*
Registre *m* des Producteurs (R.P.)	Herstellerverzeichnis *n*
règlement *m*	1. Regelung *f*, Regulierung *f*, 2. Bezahlung *f*, Begleichung *f*
en ~ de	zur Begleichung von
régler	1. regeln, regulieren, 2. zahlen, bezahlen, begleichen
relations *fpl*	Beziehungen *fpl*, Verbindungen *fpl*
~ d'affaires	Geschäftsbeziehungen *fpl*
~ commerciales	Geschäftsbeziehungen *fpl*
entrer en ~ d'affaires avec qn	mit jm. Geschäftsbeziehungen aufnehmen
relevé *m*	Aufstellung *f*, Liste *f*
~ de compte	Kontoauszug *m*
rembourser	zurückerstatten
remise *f*	1. Preisnachlass *m*, Rabatt *m*, 2. Aushändigung *f*
~ spéciale	Sonderrabatt *m*
~ de faveur	Vorzugsrabatt *m*
~ de fidélité	Treuerabatt *m*
renommée *f*	Ruf *m*, Ansehen *n*

renseignement *m* (commercial)	Auskunft *f*
rentabilité *f*	Rentabilität *f*
rentable	rentabel
renvoi *m*	Rücksendung *f*
réponse *f*	Antwort *f*
en ~ à	in Beantwortung
report *m*	Übertrag *m*
reporter	übertragen
reprendre	zurücknehmen, wieder aufnehmen
représentant *m*	Vertreter *m*
~ exclusif	Alleinvertreter *m*
~ permanent	ständiger Vertreter
reprise *f*	Rücknahme *f*
réputation *f*	Ruf *m*, Ansehen *n*
résilier	zurückziehen, kündigen
respecter (p. ex. un délai)	einhalten, beachten (z.B. eine Frist)
responsabilité *f*	Verantwortung *f*, Haftung *f*
responsable de	verantwortlich für
retard *m*	Verzögerung *f*, Verspätung *f*
~ dans la livraison	Lieferverzug *m*
~ dans le paiement	Zahlungsrückstand *m*
révoquer	zurückziehen, widerrufen, annullieren
risque *m*	Gefahr *f*, Risiko *n*
aux ~s et périls de	auf Kosten und Gefahr von
ristourne *f*	Treuerabatt *m*

S

salaire *m*	Lohn *m*
salon *m*	Messe *f*
~ professionnel	Fachmesse *f*
secteur *m*	Zweig *m*, Sektor *m*, Branche *f*
Sécurité *f* sociale	Sozialversicherung *f*
service *m*	1. Dienst *m*, 2. Abteilung *f*
~ après-vente	Kundendienst *m*
~ du personnel	Personalabteilung *f*
rendre ~ à qn	jm. einen Dienst erweisen
siège *m* social	Firmensitz *m*, Sitz *m* der Gesellschaft
signataire *m*	Unterzeichner *m*
signature *f*	Unterschrift *f*
signer	unterschreiben, unterzeichnen
situation *f*	Lage *f*
~ de famille	Familienstand *m*
société *f*	Gesellschaft *f*
~ anonyme (S.A.)	Aktiengesellschaft *f* (AG)
~ en commandite (S.C.)	Kommanditgesellschaft *f* (KG)
~ à responsabilité limitée (S.A.R.L.)	Gesellschaft *f* mit beschränkter Haftung (GmbH)
soin *m*, par nos ~s	durch uns, von uns
par vos ~s	durch Sie, von Ihnen
solde *m*	Saldo *m*, Rest *m*
~ créditeur	Aktivsaldo *m*
solder	saldieren, bezahlen, begleichen
solliciter un emploi	sich um eine Stelle bewerben
solvabilité *f*	Zahlungsfähigkeit *f*
solvable	solvent, zahlungsfähig
somme *f*	Summe *f*, Betrag *m*
soumettre	unterbreiten, vorlegen
~ une offre	ein Angebot unterbreiten

sous-traitant *m*	Zulieferer *m*
spécimen *m*	Muster *n*, Probe *f*
stage *m*	Praktikum *n*, Volontärzeit *f*, Lehrgang *m*
stand *m*	Stand *m* (auf einer Messe)
sténo(graphie) *f*	Steno(grafie) *f*
stock *m*	Lager *n*
en ~	auf Lager
le ~ est épuisé	das Lager ist erschöpft
jusqu'à épuisement du ~	solange Vorrat reicht
subir (p. ex. des pertes)	erleiden (z. B. Verlust)
succès *m* de vente	Verkaufserfolg *m*
succursale *f*	Filiale *f*
suite *f*	Folge *f*, Nachfolge *f*
~ à	im Anschluss an
donner ~ à	stattgeben
pour ~ à donner	zu weiteren Veranlassung
sursis *m* de paiement	Zahlungsaufschub *m*

T

taper une lettre	einen Brief tippen
tarif *m*	1. Tarif *m*, 2. Preisliste *f*
taux *m*	Satz *m*
~ d'intérêt	Zinssatz *m*
taxe *f*	1. Gebühr *f*, 2. Steuer *f* (in selteneren Fällen)
~ sur (ou: à) la valeur ajoutée (T.V.A.)	Mehrwertsteuer *f*
télécopieur *m*	Fernkopierer *m*
téléfax *m* / télécopie *f*	Telefax *n*
télétype *m*	Fernschreiber *m*
télex *m*	1. Fernschreiber *m*, 2. Fernschreiben *n*
tel quel, telle quelle	tel quel, so wie ...
termes *mpl* d'un contrat	Wortlaut *m* eines Vertrags
tiers *m*	Dritter *m*
tiré *m*	Bezogener *m*, Trassat *m* (eines Wechsels)
tirer une traite sur qn	auf jn. einen Wechsel ziehen
tireur *m*	Aussteller *m*, Trassant *m* (eines Wechsels)
titre *m*	Papier *n*, Dokument *n*
titulaire *m*	Inhaber *m*
total *m*	Gesamtbetrag *m*
traducteur *m* / traductrice *f*	Übersetzer *m* / Übersetzerin *f*
traite *f*	Wechsel *m*, Tratte *f*
~ à 90 jours	90-Tage-Wechsel *m*
~ à 90 jours de vue	90-Tage-Sicht-Wechsel *m*
traitement *m*	Gehalt *n*
traitement *m* de texte	Textverarbeitung *f*
transférer	überweisen, weitergeben
transmettre	übermitteln
transmissible	übertragbar
transport *m*	Transport *m*, Beförderung *f*
~s maritimes	Seeverkehr *m*
transporteur *m*	Spediteur *m*, Transportunternehmer *m*
tribunal *m*	Gericht *n*
~ de commerce	Handelsgericht *n*
trimestre *m*	Quartal *n*
trimestriel, le	vierteljährlich

U

unité *f*	Einheit *f*
urgent, e	dringend, eilig
usine *f*	Werk *n*
à l' ~	ab Werk

V

valable	gültig, geltend
valeur *f*	Wert *m*
venir à échéance	fällig werden
vente *f*	Verkauf *m,* Absatz *m*
~ exclusive	Alleinverkauf *m*
~ intermédiaire réservée	Zwischenverkauf vorbehalten
sauf ~	Zwischenverkauf vorbehalten
versement *m*	Einzahlung *f*
verser	einzahlen
~ un acompte	eine Anzahlung leisten
verso *m*	Rückseite *f*
au ~	auf der Rückseite
vice *m* de construction	Konstruktionsfehler *m*
vice *m* de fabrication	Herstellungsfehler *m*
vigueur *f*, en ~	gültig, geltend
virement *m*	Überweisung *f*
virer	überweisen
viser	mit einem Sichtvermerk versehen
vol *m*	Diebstahl *m*

4 Liste des numéros de code des départements

01 Ain
02 Aisne
03 Allier
04 Alpes-de-Haute-Provence
05 Hautes-Alpes
06 Alpes-Maritimes
07 Ardèche
08 Ardennes
09 Ariège
10 Aube
11 Aude
12 Aveyron
13 Bouches-du-Rhône
14 Calvados
15 Cantal
16 Charente
17 Charente-Maritime
18 Cher
19 Corrèze
2A Corse-du-Sud
2B Haute-Corse
21 Côte-d'Or
22 Côtes d'Armor
23 Creuse
24 Dordogne
25 Doubs
26 Drôme
27 Eure
28 Eure-et-Loir
29N Nord-Finistère
29S Sud-Finistère
30 Gard
31 Haute-Garonne
32 Gers
33 Gironde
34 Hérault
35 Ille-et-Vilaine
36 Indre
37 Indre-et-Loire
38 Isère
39 Jura
40 Landes
41 Loir-et-Cher
42 Loire
43 Haute-Loire
44 Loire-Atlantique
45 Loiret
46 Lot
47 Lot-et-Garonne
48 Lozère
49 Maine-et-Loire
50 Manche
51 Marne
52 Haute-Marne
53 Mayenne
54 Meurthe-et-Moselle
55 Meuse
56 Morbihan
57 Moselle
58 Nièvre
59 Nord
60 Oise
61 Orne
62 Pas-de-Calais
63 Puy-de-Dôme
64 Pyrénées-Atlantiques
65 Hautes-Pyrénées
66 Pyrénées-Orientales
67 Bas-Rhin
68 Haut-Rhin
69 Rhône
70 Haute-Saône
71 Saône-et-Loire
72 Sarthe
73 Savoie
74 Haute-Savoie
75 Ville de Paris
76 Seine-Maritime
77 Seine-et-Marne
78 Yvelines
79 Deux-Sèvres
80 Somme
81 Tarn
82 Tarn-et-Garonne
83 Var
84 Vaucluse
85 Vendée
86 Vienne
87 Haute-Vienne
88 Vosges
89 Yonne
90 Territoire de Belfort
91 Essonne
92 Hauts-de-Seine
93 Seine-Saint-Denis
94 Val-de-Marne
95 Val-d'Oise
971 Guadeloupe
972 Martinique
973 Guyane
974 Réunion
975 Saint-Pierre-et-Miquelon
976 Mayotte

L'emploi du français comme langue commerciale 5

La liste ci-dessous donne les noms des régions et pays dans lesquels le français est la langue officielle ou la langue commerciale (ou du moins l'une des langues commerciales généralement employées).

Algérie
Belgique
Bénin
Burkina Faso
Burundi
Cambodge
Cameroun
Comores
Congo
Côte d'Ivoire
Dahomey
Djibouti
France (métropolitaine)
Gabon
Guadeloupe (DOM)*2*3
Guinée
Guyanne française (DOM)*3
Haïti*1
Laos
Liban
Luxembourg
Madagascar*1
Mali
Maroc
Martinique (DOM)*2*3
Mauritanie
Mayotte (C.t.)*5
Monaco
Niger
Nouvelle Calédonie (TOM)*4
Polynésie française (TOM)*4
Québec (province canadienne)
République centrafricaine
Réunion (DOM)*2
Saint-Pierre-et-Miquelon (C.t.)*5
Sénégal
Suisse romande
Seychelles
Syrie
Tchad
Togo
Tunisie
Vanuatu
Vietnam
Wallis-et-Futuna (TOM)*4
Zaïre

En dehors des régions énumérées ci-dessus, il y a des pays où beaucoup de commerçants parlent et écrivent le français, de sorte que la correspondance commerciale avec ces pays peut aussi se faire en français. C'est le cas par exemple pour les pays suivants:
Pologne
Portugal
Roumanie
Turquie, etc.

*1 Ces noms d'îles s'emploient sans article.
*2 Ces noms d'îles s'emploient avec l'article défini (féminin).
*3 DOM: Départements d'outre-mer.
*4 TOM: Territoires d'outre-mer.
*5 C.t.: Collectivités territoriales.

6 Abréviations

Cette liste réunit les abréviations les plus fréquentes dans le langage commercial français.

A	
ADP	Action à dividende prioritaire sans droit de vote
AELE	Association Européenne de Libre Échange
AFNOR	Association Française de Normalisation
AFP	Agence France-Presse
AFPA	Association pour la formation professionnelle des adultes
A.G.	Assemblée générale
A.G.F.	Assurances générales de France
A.I.D.	Association internationale de développement
A.N.P.E.	Agence nationale pour l'emploi
A.O.C.	Appellation d'origine contrôlée *(vin)*
arr.	arrondissement
Art 1	Article 1
A.S.	Assurances sociales
ASSEDIC	Association pour l'Emploi dans l'Industrie et le Commerce
Av.	Avenue
B	
BAD	Banque Africaine de Développement
BALO	Bulletin des Annonces Légales Obligatoires
BAS	Bureau d'Aide Sociale
BCA	Banque Commerciale Africaine
bd., boul.	boulevard
BEI	Banque européenne d'investissement
BENELUX	Union douanière de la Belgique, des Pays-Bas et du Luxembourg
BEP	Brevet d'Études Professionnelles
BEPA	Brevet d'Études Agricoles
BEPC	Brevet d'Études du 1er Cycle
Berd	Banque européenne pour la reconstruction et le développement
BFCE	Banque Française du Commerce Extérieur
BIC	Bénéfices Industriels et Commerciaux
BIRD	Banque Internationale pour la Reconstruction et le Développement
BIT	Bureau International du Travail
BNC	Bénéfices non commerciaux
BNCI	Banque Nationale pour le Commerce et l'Industrie
BNP	Banque Nationale de Paris
BO	Bulletin officiel
B.P.	Boîte postale
BPF	Bon pour francs
BRI	Banque des Règlements Internationaux
BSEC	Brevet supérieur d'enseignement commercial
BT	Brevet de Technicien
BTA	Brevet de Technicien Agricole
BTn	Baccalauréat de Technicien
BTS	Brevet de Technicien Supérieur
BUE	Banque de l'Union Européenne
bull.	bulletin
BUP	Banque de l'Union Parisienne

C

C.A.	Chiffre d'affaires
CA	Conseil d'Administration
CAC	Compagnie des Agents de change
c.-à-d.	c'est-à-dire
CAHT	Chiffre d'affaires hors taxes
CAO	Conception assistée par ordinateur
CAP	Certificat d'aptitude professionnelle
CC	Compte courant
CC	Corps consulaire
CCI	Chambre de Commerce Internationale
C. civ.	Code civil
C. com.	Code de commerce
CCP	Compte Chèques Postaux
CD	Corps Diplomatique
CDD	Contrat à durée déterminée
CdF	Charbonnages de France
C.E.	Communauté européenne
CE	Conseil de l'Europe
CE	Conseil Économique
CEA	Commissariat à l'Énergie Atomique
CEA	Compte d'Épargne en Actions
CECA	Communauté Européenne du Charbon et de l'Acier
CEDEX	Courrier d'entreprise à distribution exceptionnelle
CEE	Communauté Économique Européenne
CEEA	Communauté Européenne de l'Énergie Atomique
CEL	Compte d'Épargne Logement
CELT	Compte d'Épargne à long terme
cent.	centimes
CFAO	Conception et fabrication assistées par ordinateur
CFCE	Centre français du commerce extérieur
CFF	Chemins de Fer Fédéraux *(Suisse)*
CFL	Chemins de Fer Fédéraux luxembourgeois
CFTC	Confédération Française des Travailleurs Chrétiens
CFR	Cost and Freight / coût et fret
CGC	Confédération Générale des Cadres
CGE	Compagnie Générale d'Électricité
CGT	Confédération Générale du Travail
CGT-FO	Confédération Générale du Travail – Force Ouvrière
chap.	chapitre
Cie	Compagnie
CIF	Cost, Insurance and Freight / Coût, assurance et fret
CIP	Carriage and Insurance paid to ... / Port payé, assurance comprise, jusqu'à ...
CNE	Caisse Nationale d'Épargne
CNPF	Conseil National du Patronat Français
CO	Certificat d'origine
COB	Commission des Opérations de Bourse
CODER	Commission de Développement Économique Régional
CPAO	Conception de programme assistée par ordinateur
CPT	Carriage paid to ... / Port payé jusqu'à ...
CQAO	Contrôle qualité assisté par ordinateur
CV	Curriculum vitae

D

D/A	Documents against acceptance / Documents contre acceptation
DAB	Distributeur automatique de billets
DAF	Delivered at frontier / Rendu frontière

DAO Dessin assisté par ordinateur
DDP Delivered duty paid / Rendu droits acquittés
DDU Delivered duty unpaid / Rendu droits non acquittés
DEQ Delivered ex quay (duty paid) / Rendu à quai (droits acquittés)
DES Delivered ex ship / Rendu ex ship
DESE Diplôme d'Études Supérieures Économiques
DOM Département d'outre-mer

E
EARL Exploitation agricole à responsabilité limitée
ECU European Currency Unit / Unité de compte européenne
EDF Électricité de France
EDHEC École des Hautes Études Commerciales
EN Économie nationale
ENA École nationale d'Administration
ESCAE École Supérieure de Commerce et d'Administration des entreprises
ESSEC École Supérieure des Sciences Économiques et Commerciales
EURL Entreprise unipersonnelle à responsabilité limitée
EXW Ex works / À l'usine

F
F Franc
FB Franc belge
FF Franc français
FS Franc suisse
FAS free alongside ship / Franco le long du navire
FAO Fabrication assistée par ordinateur
faub, fg faubourg
FCA Free carrier / Franco transporteur
FCC Fédération des Coopératives de Consommation
FDES Fonds de Développement Économique et Social
FEDER Fonds Européen de Développement Régional
FEOGA Fonds Européen d'Orientation et de Garantie Agricole
FMI Fonds Monétaire International
FOB Free on board / Franco bord

G
GATT General Agreement on tarifs and trade (Accord général sur les tarifs douaniers et le commerce)
GDF Gaz de France
GEGS Grandes entreprises de distribution spécialisées en grandes surfaces
GIE Groupement d'Intérêt Économique

H
HEC Hautes Études Commerciales
HLM Habitation à loyer modéré
H.T. hors taxes

I
IAA Industries agricoles et alimentaires
IFOP Institut Français d'Opinion Publique
INSEAD Institut Européen d'Administration des Affaires
INSEE Institut National de la Statistique et des Études Économiques

J
JO Journal Officiel

L

LI	Licence d'importation
LIT	Lire italienne
LR	Lettre recommandée

M

M.	Monsieur
MATIF	Marché à terme d'instruments financiers
MBA	Marge brute d'autofinancement
MCM	Montants Compensatoires Monétaires
M^{e}	Maître
Mlle	Mademoiselle
m/m	même mois
Mme	Madame

N

NB	Nota bene (noter bien)
n^{o}	numéro

O

OCDE	Organisation de Coopération et de Développement Économiques
ONU	Organisation des Nations Unies
OPA	Offre Publique d'Achat
OPE	Offre Publique d'Échange
OPEP	Organisation des Pays Exportateurs de Pétrole
OPV	Offre Publique de Vente
OS	Ouvrier spécialisé

P

PAP	Prêt pour l'Accession à la Propriété
PCC	Pour copie conforme
PDG	Président-directeur général
Per pro	par procuration
P et P	Profits et Pertes
p. ex.	par exemple
p. i.	par intérim
PIB	Produit Intérieur Brut
PME	Petites et Moyennes Entreprises
PMI	Petites et Moyennes Industries
PNB	Produit National Brut
PR	Poste restante
PS	Post-scriptum
P et T	Postes et Télécommunications
PTMA	Poids total maximal autorisé

R

R	Recommandé
RA	Régime accéléré
RBE	Résultat Brut d'Exploitation
RCS	Registre du Commerce et des Sociétés
réf.	référence
RIB	Relevé d'identité bancaire
Ro.	Régime ordinaire

S

SA	Société anonyme
SARL	Société à responsabilité limitée

SEITA	Société nationale d'Exploitation Industrielle des Tabacs et Allumettes
SEO	Sauf erreur ou omission
SF	Sans frais
SICAV	Société d'investissement à capital variable
SMIC	Salaire minimum interprofessionnel de croissance
SMIG	Salaire minimum national interprofessionnel garanti
SNCB	Société Nationale des Chemins de Fer belges
SNCF	Société Nationale des Chemins de Fer français
SS	Sécurité sociale
Sté	Société
SVP	S'il vous plaît

T

t	tonne
TCA	Taxe sur le chiffre d'affaires
TGV	Train à grande vitesse
TIF	Transports internationaux par chemin de fer
TIP	Titre interbancaire de paiement
TIR	Transports internationaux routiers
TOM	Territoire d'outre-mer
TTC	Toutes taxes comprises
TVA	Taxe sur la valeur ajoutée

U

U. E.	Union européenne

V

V. A.	Valeur ajoutée
Vve	Veuve